Large Print
INSPIRATIONAL
WORD SEARCH

THUNDER BAY
P·R·E·S·S
San Diego, California

Thunder Bay Press
An imprint of Printers Row Publishing Group
10350 Barnes Canyon Road, Suite 100, San Diego, CA 92121
www.thunderbaybooks.com

Printers Row Publishing Group is a division of Readerlink Distribution Services, LLC.
Thunder Bay Press is a registered trademark of Readerlink Distribution Services, LLC.

All notations of errors or omissions should be addressed to Thunder Bay Press, Editorial
Department, at the above address. All other correspondence (author inquiries, permissions)
concerning the content of this book should be addressed to Arcturus Holdings Limited,
26/27 Bickels Yard, 151-153 Bermondsey Street, London SE1 3HA, info@arcturuspublishing.com

Thunder Bay Press
Publisher: Peter Norton
Associate Publisher: Ana Parker
Publishing/Editorial Team: April Farr, Kelly Larsen, Kathryn C. Dalby
Editorial Team: JoAnn Padgett, Melinda Allman, Dan Mansfield

ISBN: 978-1-64517-063-1
AD007366NT

Printed in China

22 21 20 19 18 2 3 4 5 6

CONTENTS

Peace

```
T R A Y T I L I U Q N A R T A
S S E N M L A C R E D R O N R
U E A P N E U T R A L I T Y Y
A R M I S T I C E A R A S H T
C P I I O I O Y E V C K E H A
O L T P H N G S T V T C O V E
N A Y R C C P O U I O Q O G R
S C G O A L E N O N N L B R T
O I R R V P A C S D E E G E D
N D E W E N P E U A W T R C A
A I A G I E N O S R B I U E Y
N T A M B S M O R K T N L N S
C Y I J U W N E V T I A K L E
E T W S T R E C N O C E O I I
Y Y T I M O C I N T E H A R T
```

ACCORD

AGREEMENT

AMITY

ARMISTICE

CALMNESS

CHIME

COMITY

CONCERT

CONCORD

CONSENSUS

CONSONANCE

GOODWILL

LOVE

NEUTRALITY

ORDER

PLACIDITY

RAPPORT

SERENITY

TRANQUILITY

TREATY

TRUCE

TUNE

UNANIMITY

UNION

This will be our reply to violence: to make music more intensely, more beautifully, more devotedly than ever before.

Leonard Bernstein

Clouds

```
A B S U L U S U E L I P R T S
S U L U M U C O R R I C S B S
U N I M B O S T R A T U S N M
S G A R F L R P F E R U O I A
B S R A I R D O E A B W K M E
I U T V G C T C G M D R C R R
L T N A M R O H I R P E A O T
L A O O Y A I N U N A A L T S
O M C E P F O V V N O P B S T
W M I B T L F H W E D L H V E
I A R N U I J U I I C E C I J
N M R M D R H O L E S T R Y C
G R U N I A R W T F K P I B C
C C S M A R E S T A I L Y O O
S U L U M U C O T A R T S E N
```

ANVIL

BILLOWING

BLACK

CIRRO-
  CUMULUS

CIRRUS

CONTRAILS

CONVECTION

CUMULO-
  NIMBUS

CYCLONIC

FLUFFY

JET STREAM

MAMMATUS

MARE'S TAIL

NIMBO-
  STRATUS

OROGRAPHIC

PILEUS

RAIN

SNOW

STORM

STRATO-
  CUMULUS

THUNDER

VIRGA

WHITE

WISPY

*The sky is that beautiful old parchment in which
the sun and the moon keep their diary.*

Alfred Kreymborg

Adventurous

```
S U O I C A D U A T F N J G O
H S P P P L A A H K G R N O D
S B U S Y D R R U N C O Y E S
I L X O C H I C I N R M T V G
L S U W R L N O I T T I V O U
O U M F L E G U S O R L S B T
O O E I T T G D N I R M E K S
F E N W U N A N P A S E E S Y
O G Y O U E E S A I F Y H Z S
C A D K H L I V E D E R A D K
H R P A C D A M E N Q K A S K
A U I M P U L S I V E P L I A
N O P E R I L O U S A H E W D
C C I N T R E P I D Y R K J L
Y S U O T I U T R O F E B E B
```

AUDACIOUS	DARING	HEADSTRONG	PERILOUS
BRAVE	DAUNTLESS	HEROIC	PLUCKY
CHANCY	EVENTFUL	IMPULSIVE	RISKY
COURAGEOUS	FOOLISH	INTREPID	SPIRITED
DANGEROUS	FORTUITOUS	MADCAP	THRILLING
DAREDEVIL	GUTSY	OUTGOING	UNAFRAID

A ship is always safe at shore, but that is not what it's built for.

Albert Einstein

Deserts

```
Z N A I R Y S W I F T G Y P A
A E F P D K N A E D U J N A Y
J E R E O N B E R A L A U N E
E Z E R E C E L T A E S W T L
W N A K A M A L K A T S N A L
N A R O N O S M A R H I N R A
X N J E T A U I A H S O O C V
A J A R T K R L A A A R S T H
N O L Y A S I U B N D M B I T
A L D R B A E T H O N Y I C A
I H A S N I A W S C V A G X E
B K H C F E L L E C E E F C D
U U N E R A R A H A S S G U G
N L A G U A J I R A H P B E D
Y D N A S E L T T I L E A D N
```

ACCONA	DEATH VALLEY	LA GUAJIRA	SAHARA
AL-DAHNA	GIBSON	LIBYAN	SECHURA
AN NAFUD	GREAT BASIN	LITTLE SANDY	SONORAN
ANTARCTIC	HALENDI	NEGEV	SYRIAN
AUSTRALIAN	JUDEAN	NUBIAN	TAKLAMAKAN
DASHT-E LUT	KARAKUM	ORDOS	WESTERN

*What makes the desert beautiful is
that somewhere it hides a well.*

Antoine de Saint-Exupéry

Time

5

```
P M T D F Y T I U Q I T N A V
B P I E X O B Z H N E A R L Y
I E A L D T P T S P J J D M X
D M S A L G N T H C G R U S H
E N Y Y H E A O N G N E V E R
P M O E G N N X O N I U Q E U
O E O C T G S N C N N L M G Y
C W A N E F E Z I U R R I W O
H T W E O S D A C U O E A W U
E A S T E R O L A F M T T M T
Y L A N E Y T N N L C O L F H
B P R E T E W E A H H L X E A
J P C S M B U S M N U D U M E
L L E P S L D A L L S E C O E
X O O G A B R U A Y E N E R S
```

AFTERNOON	EPOCH	MORNING	SPELL
ALMANAC	EQUINOX	NANOSECOND	TEMPO
ANTIQUITY	FORMER	NEVER	TODAY
DELAY	INSTANT	OLDEN	TWILIGHT
EARLY	METRONOME	RUSH	WATCH
EASTER	MILLENNIUM	SENTENCE	YOUTH

 *Let us never know what old age is. Let us know the happiness time brings, not count the years.*

Ausonius

Clever Things

```
D E H S I L P M O C C A A C C
S X W E Y T F A R C E E D U S
D H O P T R A M E A X L N P E
W C R M R A R G I P D N E R L
E I L E M A A U E F I R S O I
L M D E W N H R E N C K O F D
L A L S A D T S G E I L S I E
V G Y Y A R E T P L U U B C T
E I W N E P H T L S W F S I F
R N I I F G I E R E T T E E I
S A S A I V D E A A Y R A N G
E T E R E I L A N D I A A T D
D I B B E G R N N T E N R M J
D V I R T U O S O M R D E P S
J E A Y E V I T N E V N I D W
```

ACCOM-PLISHED
ADROIT
ARTFUL
BRAINY
BRIGHT
CLEAR-HEADED
CRAFTY
CUNNING
EXPERT
GENIUS
GIFTED
IMAGINATIVE
INVENTIVE
PERCEPTIVE
PROFICIENT
SAPIENT
SHARP
SHREWD
SKILLED
SMART
TRAINED
VIRTUOSO
WELL-VERSED
WORLDLY-WISE

A day without laughter is a day wasted.

Charlie Chaplin

Sports Equipment

```
H E I H S A M A R F E R E S J
E G A Q U I V E R R A B R E W
P M D R A O B W O N S E A O E
E R A W R X T D A V T E L H A
D E T E R O D E L T T A B S B
L A H D E S W S U R A A H A A
E L E G N S E P I Q T R R E S
R K U E V T G E J O C E G W K
P Q E C A R R O N Z E A D E E
A M J K S N I B L I C K R T T
D W S F O D T N I F M D E S A
D E L T S I H W G C C N L B M
L F I V I O R E U S P L U C E
E P O R G N I B M I L C U E A
P U R I N A I C N J S P U B F
```

ARROW	GOLF CLUB	QUIVER	SKATES
BASKET	MASHIE	RACQUET	SNOWBOARD
BATON	NIBLICK	RINGS	TARGET
BATTLEDORE	PADDLE	SCUBA	TENPIN
CLIMBING ROPE	PITON	SCULL	WEDGE
ETRIER	PUTTER	SHOES	WHISTLE

To enjoy the glow of good health, you must exercise.
Gene Tunney

Artwork

```
D K O W F X Y H I F L B L D Q
S I S P A O T B X E C A E N T
Z T C E J S K B S I W D D U R
D A A A N O H A U L E D O O E
R B I T R I E S E E M R M R B
A P Q W U E L I F R G Q H G L
W J C Z Q E P I G T A A P E I
I G M O T L L M E H C H H R F
N B R P L L A T E T L E Z O S
G F M B L L E R U T C I P F E
K R N I V J A S U C R H C S Z
X E T W M V R G S M D A I L A
O S V T S E K T E W M O K N L
S C H O O L S V U E E F O B G
O O R E P A P R O F I L E W V
```

ASPECT	ETCHING	MODEL	SCHOOL
BATIK	FILBERT	MURAL	STATUE
CAMEO	FOREGROUND	PAPER	STILL LIFE
COLLAGE	FRESCO	PICTURE	TEMPERA
DRAWING	GLAZE	PROFILE	WASH
EASEL	LINES	RELIEF	WOODCUT

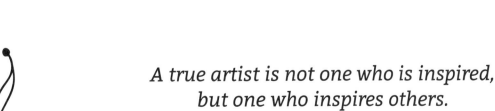

A true artist is not one who is inspired,
but one who inspires others.

Salvador Dali

Wisdom

```
S M E E C N E I R E P X E P A
D I S C R I M I N A T I O N K
E Y A K N O W L E D G E E I Y
S A V O I R F A I R E L S T I
I T V E B N R E D E H S I N N
O N Y P R U D E N C E D F N T
P E C N A L A B S N I O E N E
A M S N I A C T E L R M R O L
N G A E N S A T O M U Q U S L
S D G W S B U S A C F L D A I
O U A D I T T T A V A F I E G
P J C L S Y I O I F U N T R E
H L I A D O O G U M P T I O N
Y T T G N I N R A E L N O H C
Y J J Y S E C N E I P A S N X E
```

ACUMEN

ASTUTENESS

BALANCE

BRAINS

CAUTION

DISCRIMINA-
TION

ERUDITION

EXPERIENCE

GUMPTION

INFORMATION

INTELLIGENCE

JUDGMENT

KNOWLEDGE

LEARNING

PANSOPHY

POISE

PRUDENCE

REASON

SAGACITY

SAPIENCE

SAVOIR FAIRE

SAVVY

SOLIDITY

STABILITY

We are made wise not by the recollection of our past, but by the responsibility for our future.

George Bernard Shaw

Party

```
E C S C P S A P W C R H W T G
N E E B F G E B S Q P I H G N
W O R L A T U A S H B G Y A I
O A B P E S F R O L I C I R D
D A T F S B H N S N O Y R D D
E Y N S Y H R D G W Y B E E E
O E K R O C C A S I O N U N W
H F A C B E T N T P I C N I C
K V E Q I S M C C I N K I L M
E Y X S R G C E K T O R O I S
G H O O T E N A N N Y N N A O
A J E S H I N D I G W W Q S I
L J E L D Z V S O C I A L S R
A L L U A B A N Q U E T A E
I G B I Y C E I L I D H R W E
```

BANQUET	FESTIVAL	HOOTENANNY	SOCIAL
BARN DANCE	FETE	OCCASION	SOIREE
BASH	FROLIC	PICNIC	SPREE
BIRTHDAY	GALA	RAVE	STAG NIGHT
CEILIDH	GARDEN	REUNION	WASSAIL
CELEBRATION	HOEDOWN	SHINDIG	WEDDING

*One should take good care not to grow too wise
for so great a pleasure of life as laughter.*

Joseph Addison

Take Courage

```
S S E N I S T U G T R A E H F
E S M T M S I O R E H R U T E
N O S Y W I L L P O W E R I E
O E E E T A Y T I C A D U A D
B W N T N I E U V B E B U F U
K O T R S E C F R C E L A N T
C H E S T R M A N T A P O P I
A P R W S E V A N M I I U Y T
B A P B Y E R N G E T R T K R
S N R O R U N K R U T I I D O
D A I Y D A U D L P R H A P F
I C S N Z S V O L E V R E N S
P H E H M O S U M O I F E S M
M E T T L E C E R N B E A R S
M A I N R K T J G A I N E S S
```

AUDACITY	ELAN	GUTSINESS	PLUCK
BACKBONE	ENDURANCE	HEART	RESOLUTION
BOLDNESS	ENTERPRISE	HEROISM	SPIRIT
BRAVERY	FAITH	METTLE	TEMERITY
BRAVURA	FORTITUDE	NERVE	TENACITY
DARING	GAMENESS	PANACHE	WILLPOWER

 *The great courageous act that we must all do, is to have the courage to step out of our history and past so that we can live our dreams.*

Oprah Winfrey

Islands of the Pacific

```
P A P K A O P A P A T B W D E
U U C L J J S C N P E N U M G
I H V L H N A W I A T C I A I
T K S E V L A L L G I D O L G
A P E N R H Y N A E S R E D F
M V A N O T B P H U A E D E R
I S R E J H A E K I H A M N Q
T A I R U A S S A N E C K E R
I H R L A B O T S I R C N A S
R O E V L K E I S R I A U Z I
I W T J X A O F A R I P N H V
K L S C N H W T H A W A I I R
X A A W E N C A S W S N V G A
B N E W C A L E D O N I A H J
B D S M U R U R O A V U K G W
```

DUCIE	JARVIS	NASSAU	RENNELL
EASTER	KAOPAPA	NECKER	SAKHALIN
FLINT	KIRITIMATI	NEW	SAN
HAWAII	MAHIKEA	CALEDONIA	CRISTOBAL
HONSHU	MALDEN	NUNIVAK	TAIWAN
HOWLAND	MURUROA	PENRHYN	VOSTOK
		RAIATEA	WALLIS

*Forget not that the earth delights to feel your bare
feet and the winds long to play with your hair.*

Kahlil Gibran

Cooking Terms

```
A L F O R N O Y Z X E Y R A E
C P R V I V I W A D J N M T U
X A B Y J C M Q A N I E U N H
C R G Y R S P L D T R O D E N
O I E A O K U Z A I R O M L E
C S F U R O F R C C G F M B E
O I S P R N G A N M L A U A D
T E Y O O U I E O O H A H I A
T N R I A N E Q R C D Z S D N
E N F V E L T E O N F A Q U I
R E R R E Z N M E B Q I B G R
O H I E V T E X T N V P D F A
U N T L I J D A U S S O O V M
X P S N X G L N A Y Y D R R V
V G E V Y P A Y S A N N E J W
```

AL DENTE	DIABLE	FLORENTINE	PAYSANNE
AL FORNO	DOPIAZA	GARNI	ROULADE
AMERICAINE	DORE	MARINADE	ROUX
AU GRATIN	EN CROUTE	MOCHA	SAUTE
AU POIVRE	EN DAUBE	MORNAY	SOUSE
COCOTTE	FARCI	PARISIENNE	STIR-FRY

*If more of us valued food and cheer and song
above hoarded gold, it would be a merrier world.*

J.R.R. Tolkien

Exciting Words

```
K E C W I N D U P K E N J W S
O T J I R Y P T O L L O F T O
Y A E L B M E R T N V N I Z E
F V I A N A U S O E B M N E T
I I N N S Y U T R V U P C X A
R T F E V B Y W U L O U I H C
T O L D F I R E A R Q K T I I
C M A S I O G T K A N R E L X
E E M R U S E O A O E O E A O
L A E G L E T V R N V W N R T
E R H Y O A F U L A D E R A N
L T S S V L L I R H T Y L T I
E S U O R A V L V B I E X E U
G C L J L E K P U N O M M U S
K S F K N P C E O P U P I H W
```

AROUSE
BUSTLE
DISTURB
ELECTRIFY
ENLIVEN
EVOKE

EXHILARATE
FLUSH
INCITE
INFLAME
INTOXICATE
INVIGORATE

MOTIVATE
OVER-
  WROUGHT
PROVOKE
STIMULATE
SUMMON UP
TEASE

THRILL
TREMBLE
TURN ON
WHIP UP
WIND UP
WORK UP

 *I am where I am because I believe in all possibilities.*

Whoopi Goldberg

Audacity

```
A E S I O P Y R E V A R B G E
C R S U A S S U R E D N E S S
V O R Y B Z E C N E D U P M I
S E N O T M V H B E S S E R R
S C A V G I O C O U R A G E P
E N Y T I A R L R L E V C C R
N A R F R C N E P M Y Y E E E
E I E I G U T C M A E T D R T
V L T R F Y S I E E M I U T N
I E N M E A C T O G T R T A E
T R O N D M I E U N Y U I I O
I F R E A I C T H E U C T N B
S L F S F E S A H S M E R T R
O E F S B O L D N E S S E Y A
P S E T Y S S E N L O O C E K
```

APLOMB

ARROGANCE

ASSUREDNESS

BOLDNESS

BRAVERY

CERTAINTY

CERTITUDE

CONVICTION

COOLNESS

COURAGE

EFFRONTERY

ENTERPRISE

FAITH

FIRMNESS

GUTS

IMPUDENCE

NERVE

POISE

POSITIVENESS

SECURITY

SELF-
RELIANCE

SURETY

TEMERITY

TRUST

It's worse to spend your life on the outside looking in, wondering what if, than it is to try and dare greatly and risk the chance of failure. Dare greatly; get in the arena and try.

Dr. Brenè Brown

On Vacation

```
G J L A S E I S R E H A G S T
N L U G G X E G P C F G N W N
I N L K A S E N A A E P I E E
T O F T M Y X E A J M N K I G
I I P K O O B E D I U G R V A
S T O N E Y B I K I N I A E L
I A S G E A M E L A F N B V E
V N T I S T R O P R I A M J V
G I C A R E M A C F D D E O A
N T A O S U I T C A S E Y T R
I S R U F Y O B Y T A A O H T
P E D T V L E T O H G R A G D
M D H I S R R S C E N E R Y B
A O S N A I L A Y E N R U O J
C A T G P E G A G G U L E U I
```

AIRPORTS	DESTINATION	MAPS	TOURIST
BEACH	EMBARKING	OUTING	TRAVEL AGENT
BIKINI	GUIDE BOOK	POSTCARD	VIEWS
CAMERA	HOTEL	SCENERY	VISA
CAMPING	JOURNEY	SUITCASE	VISITING
DAY TRIP	LUGGAGE	TAXI	VOYAGE

A wise man travels to discover himself.

James Russell Lowell

Loving Words

```
E T I D O R H P A T R A G U S
O T H Q C T A Y G T E Q I H A
H W B E A U T I F U L N L C F
A Y D X M K R N E O W T D R X
J E H S I R H I V U N B I E D
I N H S U L T E E E R E E A R
J T S W U U R O M I N T R F E
D I P U C R W H F D E H U A E
E E X H T D C I S O K A S I R
A T M S O A Q H T L X N A R I
N D N O T K I T T E N D E E S
G D R T T P K N T N O S R S E
E K A K W I D O G T V O T T D
L H E Y B P O M E X S M Q H U
I L Y L O V I N G A A E L Z Q
```

ANGEL	CUTIE	FRIENDSHIP	LOVING
APHRODITE	DESIRE	HANDSOME	SUGAR
ATTACHMENT	DOTE	IDOL	TENDER
BEAUTIFUL	EMOTION	KISS	TREASURE
CRUSH	EROS	KITTEN	TRUE
CUPID	FAIREST	LOVER	YEARN

What is done in love is done well.

Vincent Van Gogh

Perseverance

```
P U R P O S E N O B K C A B A
D E D A U N T L E S S N E S S
S V I S S E N D L O B E S A T
S R N S I T D E I P L U C K I
E E Y V I N E E G A R U O C N
N N V R O N T B P A E B O O T
N T G L E H O R N F S C I S Y
R I E R O C A C E T G S H T B
O V G N G S E R I P I T N H R
B Y T C A W E N D C I I M E A
B S T U G C A R E I A D C A V
U P B J P C I D Q T H O I R E
T I E O Y V I T R L C O U T R
S N R M E V E E Y X T N O T Y
P E N O I T C I V N O C G D I
```

ASSURANCE	COURAGE	GUTS	PLUCK
BACKBONE	DAUNTLESS-NESS	HARDIHOOD	PURPOSE
BOLDNESS	DECISION	HEART	RESOLVE
BRAVERY	DRIVE	INTREPIDITY	SPINE
CERTAINTY	ENERGY	NERVE	STUBBORN-NESS
CONVICTION	GRIT	OBSTINACY	TENACITY

Dreams and dedication are a powerful combination.

William Longgood

Ancient Writers

```
R L O U H S T Y O C L C Y O F
E H D N E I D S O T I O N H S
M C G N S E P E R E A F I P E
O H E N I T I P Y S H L L P N
H C M N O K N K A U L I P A A
A N I D D O D G B R S J S S H
I A N V T H A A S U C O S A P
S I U N M L R E I C S H L A O
Y C S Q L N L V X I R V U H T
P U U I W C U X C P R I O S S
H L S T O R A R W E A R U S I
C E A H T S A I H T A G A V R
L B P I C T A E K C N I V J A
Z O V P E G P Z E O Z L S N A
S O L S E S O M L O R E C I C
```

AGALLIS	GEMINUS	LUCIAN	SENECA
AGATHIAS	HESIOD	MOSES	SOPHOCLES
ARISTO-PHANES	HIPPARCHUS	PINDAR	SOSICRATES
CICERO	HOMER	PLATO	SOTION
DEINIAS	HORACE	PLINY	VIRGIL
EPICURUS	LONGUS	SAPPHO	VITRUVIUS

You will never do anything in this world without courage.
It is the greatest quality of the mind next to honor.

Aristotle

Guide

```
T A E S P F H E L E S N U O C
O M A T N A D I F N O C R P Y
B A C K S E A T D R I V E R E
R O E L C N U H C T U D F I N
E R X R O T C E R I D R E E R
Y I P F O U P D O A C I R S O
W N E R L V N A R F I R E T T
A S R G E E M O R E O D E S T
L T T G I A T O F T R U E Y A
R R D R L C H Q N E N H Y G J
S U F C O G T E H I Z E U V P
J C E D T P M C L Y T I R Z Y
W T S B E J A X B P D O Y S C
C O A C H E M O D E E E R C E
H R A U T H O R I T Y R V P N
```

AIDE	COUNSEL	GUIDE	MONITOR
ATTORNEY	DIRECTOR	HELPER	PARTNER
AUTHORITY	DOCTOR	INSTRUCTOR	PRIEST
BACKSEAT	DUTCH UNCLE	JUDGE	REFEREE
DRIVER	EXPERT	LAWYER	TEACHER
COACH	FRIEND	MENTOR	TUTOR
CONFIDANT			

True guidance is like a small torch in a dark forest. It doesn't show everything at once, but gives enough light for the next step to be safe.

Swami Vivekananda

Leisure (W. H. Davies)

```
N T S S I H T S I T A H W S R
E N R I C H T H A T E Q S Y F
E B S N H C T N G M P Q E T U
S V A B G T R U I I U Z K U S
A V G R C U A T A I L U J A T
E Z R O T V O E R H J Y L E R
R A M A N N N R N T W K A B E
A G G D E I E M H E L O C D A
T Z J G S L I P O F B R O C M
S R A T S F O L L U F N A D S
N O U H P O J F J F T N M C S
C N I F R A E A X G D H Q L T
F D H L L I T T I A W V E J I
E N I S W O C D N A P E E H S
Z F Z G E R A C F O L L U F R
E Q S K F R E H H C T A W P Y
A M E R A T S D N A D N A T S
```

What is this life if, full of care,
We have no time to stand and stare?—
No time to stand beneath the boughs,
And stare as long as sheep and cows:
No time to see, when woods we pass,
Where squirrels hide their nuts in grass:
No time to see, in broad daylight,

Streams full of stars, like skies at night:
No time to turn at Beauty's glance,
And watch her feet, how they can dance:
No time to wait till her mouth can
Enrich that smile her eyes began?
A poor life this if, full of care,
We have no time to stand and stare.

QUICK...

```
D R O T E M G N A C O Q G X E
E Y N T L C R J F V I N T D S
H F T E I O E W B B I H E S P
C E H H H A I C F R I R U T M
R R E T Y V N R I N E C Z E I
A E D G R S O F K P C A L S L
M T R T N Z A I M E T O K S G
M U A E E I N E S O A R Z A E
G R W N V G T S D D L T I L L
S N A S S L I T E N W U D C N
B E I D U O I R E I A R N A K
E R X L N Q N S T S Y E L C U
J B N I L U D T K I Y A S M H
S B E L F E E B N L K N I R D
N C E N T D S G L A N C E I N
```

AND EASY	FIXES	MARCHED	SUCCESSION
ASSETS	FROZEN	ON THE DRAW	TEMPERED
BREAK	GLANCE	RETURN	THINKING
DRINK	GLIMPSE	SELLING	THORN
DRYING	LOADER	SETTING	TRICK
FIRING	LUNCH	SILVER	WITTED

Be quick to learn and wise to know.

George Burns

Classical Music Titles

```
V G A V W R S W A N L A K E F
T S Y K E O R M F S U N A R U
S A R K A P A K K A O U G I U
R U Z L H P M F R W A O A I O
A F N I H N I H J R I H S I E
L O E E M E U G A R P P N O M
O E S U V A Y M Z I G P E Z P
I N T S S M A R P Y S A E D E
P U P G A T Q Y F P F S O L R
A T A V A T L V N F A R E A O
T P R P T A B O R T M C I M R
I E J A Q T R D U I I Y I E L
T N O R G C A R N I V A L R Y
A G M I R I N V Y H G J B B V
N G G S E N C L X O V M H D G
```

AUTUMN	MESSIAH	SARKA	TASSO
CARNIVAL	NEPTUNE	SATURN	TITAN
EMPEROR	NIMROD	SWAN LAKE	TRAGIC
EN SAGA	PARIS	TABOR	URANUS
LA MER	PRAGUE	TAMARA	VENUS
MARS	SAPPHO	TAPIOLA	VLTAVA

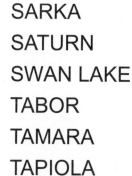

There are two means of refuge from the miseries of life: music and cats.

Albert Schweitzer

Optimism

```
L V V M N O I T A T C E P X E
I I T N E M E G A R U O C N E
V A A A I R Y C N A Y O U B E
E S B R R U R E A S I N E S S
L Y T E I A S I T C O U W S O
I H T Y R F T D M R H L S E L
N F L C T H E S M E O E A O A
E H E M G N U S L G N F E T C
S M M I F R I A E M J T M R E
S G L E E M T A L S T O J O J
A E H N I I E A T C D R Y B C
D V E T O E C N A R E B U X E
E S P N H A P P I N E S S S W
S O N O I T A M I N A C Z C T
S S E N D A L G R Y T E I A G
```

ANIMATION	DELIGHT	GAIETY	MERRIMENT
BUOYANCY	EASINESS	GLADNESS	MIRTH
CALMNESS	ELATION	GLEE	OPTIMISM
CERTAINTY	ENCOURAGE-MENT	HAPPINESS	SOLACE
CHEER	EXPECTATION	JOY	SURENESS
COMFORT	EXUBERANCE	LIVELINESS	TRUST

Perpetual optimism is a force multiplier.

Colin Powell

Waterfalls

```
G H G E O H S E S R O H A O E
A R A G A I N K S T A H W H O
B S V V T T U L O R N O E C A
V R A W U P L D E I E P C A H
Q S O G I A H M J J P E Y B C
U Z E W F S L A S R U T U L A
K L T N N O H I N K O O M E B
A P I E T E F B H T L U B M N
U W M P I P M I O I O N I M E
T F E A W X B X T N A M L U H
I U S H A L O K U Z E W L R C
G R O W T V I C T O R I A T I
O I Y E S S L I C K R O C K E
R E S U O L A P M T B H Y G R
D V I N N U F O S S E N X S O
```

BROWNE	NIAGARA	TOLMER	VINNUFOSSEN
FITZROY	OLO'UPENA	TRUMMELBACH	WAIHILAU
HALOKU	PALOUSE	TUGELA	WATSON
HAVASU	PHANTOM	TWIN FALLS	WISHBONE
HOPETOUN	REICHENBACH	UTIGORD	YOSEMITE
HORSESHOE	SLICK ROCK	VICTORIA	YUMBILLA

Adopt the pace of nature: her secret is patience.
Ralph Waldo Emerson

Pantry Contents

```
W V I W E B E Q H S E M Y H T
N R Y H C D S A E P T I L P S
O U S I A D R S F P T S F L E
R E Z E M P L A O O R C E P V
F A S R B U E Y G Q G U N S O
F J G U P U H P S U R G N A L
A F S E L K C I P Z S Y E E C
S H Y P N T B K U E E Q L Z S
G Q O Y Z I A M C A R H V A Z
I A A N W M V N S O C U M I N
N C C E E T L T A L T S A L T
G R L A D Y P U O S E S W M X
E C Z S B R E H C H U T N E Y
R I T B E C U A S O T A M O T
P U S D N O M L A N C X K T F
```

ALMONDS	HERBS	PULSES	SUGAR
CHUTNEY	HONEY	SAFFRON	SULTANAS
CLOVES	MACE	SALT	THYME
CUMIN	PEPPER	SOUP	TOMATO SAUCE
FENNEL	PICKLES	SPLIT PEAS	
GINGER	PRUNES	STOCK CUBES	VINEGAR
			YEAST

One cannot think well, love well, sleep well, if one has not dined well.

Virginia Woolf

Success

```
A S N P K E S E F I D K H T N
S T E A T A T C R O T S I S I
C A W N R I K N L V R F N J A
E I O S O U H A Z V O T T L G
N C C E A I V V I R N R U I V
D Q L A I I T D P E I Y P N O
A M F A R H P A M U J E R B E
N G A R T E A N M D R A W E R
C O A L O E I P T M I M O O B
Y O Y W S A H N P I U E M A F
V D E E T D A E L I F S J Z E
E L T T E U N E M I N E N C E
E U A N Y D S A V V Y E N O A
A C N O I T I U R F S F S E C
R K G N I L L I K G B B L S B
```

ADVANCE	CONSUM-MATION	GAIN	PROFIT
ARRIVAL		GOOD LUCK	REWARD
ASCENDANCY	ECLAT	GRAND SLAM	SAVVY
ATTAINMENT	EMINENCE	HAPPINESS	SNAP
BENEFIT	FAME	HIT	TRIUMPH
BOOM	FORTUNE	KILLING	WIN
	FRUITION		

Happy the man, and happy he alone, he who can call today his own; he who, secure within, can say, tomorrow do thy worst, for I have lived today.

John Dryden

Achievement

```
R T N E M H S I L P M O C C A
A N O H T O U R D E F O R C E
S A N X P O R A V T R O F F E
E N O Y E M N O I T A E R C N
R O I P Q C U V E X P L O I T
C I T N E M N I A T T A A S M
O T I N J R Q A R P A I D Y C
M C S F O E F C V T B S H O J
P U I F F I Y O V I U I N Y K
L D U Y D W T I R C R Q U E S
E O Q T E B C U C M U T P S D
T R C I A T K E C E A Y N E O
I P A E O E S C S E A N E O A
O O J R A S F T B G X D C M C
N S Y M A S T E R P I E C E T
```

ACCOMPLISH-
    MENT
ACQUISITION
ACT
ATTAINMENT
COMPLETION

CONQUEST
CONTRIVANCE
CREATION
DEED
EFFORT
EXECUTION

EXPLOIT
FEAT
HIT
MASTERPIECE
PERFOR-
    MANCE

PRODUCTION
SUCCESS
TOUR DE
    FORCE
TRIUMPH
VICTORY

I was not rescued by a prince; I was the
administrator of my own rescue.

Elizabeth Gilbert

Beauty

```
A U D C O N D I T I O N E R S
A R A C S A M G K U E R I O A
S G P R N E N Z C A T N P L P
C Q H O J I B M I Z S E A L U
I L L A T N U I T E A U D E E
S A A N I D C R S F A N E R K
S T I I P R Q R P P A M B S A
O T G A C I D O I I E R V G M
R A C Z U A P R L R U I N C T
S K W U J E F P Y S P I A P S
K M S A R N O B H E H E A N I
E W A F B L O E Y S R T A F L
A F U E I A S H A M P O O I Y
G M R S R E D W O P E C A F T
E Z H D H C O S M E T I C S S
```

BRUSHES

CONDITIONER

COSMETICS

CREAM

CURLS

EMERY BOARD

FACE POWDER

FACIAL

HAIRDRYER

LIPSTICK

MAKEUP

MASCARA

MIRROR

MUD-PACK

NAIL POLISH

PERFUME

RINSE

ROLLERS

SALON

SCISSORS

SHAMPOO

STYLIST

TINTING

WASHING

*Youth is happy because it has the capacity
to see beauty. Anyone who keeps the
ability to see beauty never grows old.*

Franz Kafka

Green Things

```
A R P C S N E C U T T E L V Q
K E C A P G D Y J X A S S W Z
Q P T M I E T L Q M W D E T R
K P S X N R A N A U G I V O M
K E Z I A D Y E R R J A D E
T P C P C L N B L E E S E I A
S U Y L H A A Z W P L M L R D
S D R U O I E O R H P S E E O
K E L T Z V L A F O C A Y P W
G C H E L F E T Z U S S A R G
A S Y S I E B R A S O L I V E
C C C L U F F C U E L H S B K
D M U A C R D R A Z I L F K H
C A B B A G E W O R O L I V I
C P U I M N E E R G R E V E N
```

APPLE	EVERGREEN	JADE	PARTY
BAIZE	FIELDS	LEAVES	PEPPER
CABBAGE	FROG	LETTUCE	PERIDOT
CAULIFLOWER	GRASS	LIZARD	RUSHES
CLOVER	HOUSE	MEADOW	SPINACH
EMERALD	IGUANA	OLIVE	TURTLE

Nature always wears the colors of the spirit.
Ralph Waldo Emerson

Ballets

```
N M B S A S E M A C A G O N E
J S U I T T C D B O L E R O T
X U E J U Z O P A R X C Y N O
D E N A Y A G Y R C D K U A X
F H L G N M P V B H A T P N I
I P R E A B A O D O C F O A U
R R O B C N U T L R X N E T Q
E O D T U O H C A L A E L N N
B K E A N R R C Y M O N L E O
I O O K K R K S W X F I E V D
R Z J B G E P M A L W D S A P
D N E M R A C F W I R N I L W
Z A I V L Y S E Y Y R O G O C
P T D S E C O N S E L E H S L
P E T R O U C H K A V V Q D O
```

AGON	DON QUIXOTE	JOB	ONDINE
ANYUTA	FACADE	LA VENTANA	ORPHEUS
APOLLO	FIREBIRD	LE CORSAIRE	PETROUCHKA
BOLERO	GAYANE	LES NOCES	RODEO
CARMEN	GISELLE	MANON	SYLVIA
CHOUT	JEUX	NUTCRACKER	TOY BOX

Dance is the hidden language of the soul of the body.
Martha Graham

Abide With Me

```
Y U H I P E H T I W P U T U P
E N D U R E A L B E N A P P F
T I B A H N I R R I C E G E S
K S R A R T U M A S R E S T U
C U O B I R A M T S E A S A R
O S O A R N E N E N S T G R V
N T K F E R A V R O I D T E I
T A D N K T E U X C D I A L V
I I T W S R O F K E E N T O E
N N A N E J O O F Y L O T T U
U N O W O L U E U U T E E C P
E C J S A T L H G A S V N V B
Y T P E C C A P R D G I D A H
G Y E R A F P R B Y O L E G S
R A C S I X Y E S Y S L G E Y
```

ACCEPT	DWELL	PERSEVERE	STICK OUT
ATTEND	ENDURE	PUT UP WITH	SUFFER
AWAIT	INHABIT	REMAIN	SURVIVE
BROOK	LIVE ON	RESIDE	SUSTAIN
CONSTANT	LODGE	SETTLE	TARRY
CONTINUE	PERMANENT	SOJOURN	TOLERATE

Many people will walk in and out of your life, but only true friends will leave footprints in your heart.

Eleanor Roosevelt

Diamonds

```
E F R A S B F S Y B E R U O A
C R S E U S R E T T U C R C R
N O J G P N E A Y A I N I E A
A U K E N C I L C S R R C S I
I G O J W I U F W E F A A U T
L H W H E E R F O A L R C L T
L Y S Y N R L R F R L E Y K C
I Z R W P T I O F L M F T A E
R M O A H E R A R A I I E L J
B R I G N A N C T I C N T D E
C M I N T E J D U I V E K Y L
V E V S I R T Z A L L O T S D
W H U L B N G N A N E O V X R
E R A E E I G V E G T T S A I
H E S A R E F L E C T I O N G
```

BRACELET
BRILLIANCE
CARATS
CENTENARY
CLARITY
CROWN

CUFFLINKS
CULET
CUTTER
FACET
FLAWLESS
GIRDLE

JEWEL
MINING
PENDANT
REFLECTION
RINGS
ROUGH

SOLITAIRE
STAR OF
   AFRICA
TIARA
UNCUT
UNIFORMITY
WEIGHT

True friends are like diamonds—
bright, beautiful, valuable, and always in style.

Nicole Richie

Friendly Words

```
V P E G E U G A E L L O C V T
I R N C B X L I R E A O E S E
E T A M I T N I E H E T I D S
A E T F E L E A E U A L A B H
I N J R A O P L P M A R C R P
D P E B O M J M M Y M X O O S
N G A D F H I O O O U S M T U
O F N R E V O L C C I J P H P
I M B Z T R Y C I S C X A E P
N M D F R N R N T A A A T R O
A B U F E A E E O O R D R G R
P U A H Y L R R S R W Z I I T
M D V I C L L K U O C M O E E
O D S Q L Y S O H Y A V T G R
C Y B T W E L L W I S H E R L
```

ACCOMPLICE	CHUM	COMRADE	LOYALIST
ALLY	COHORT	CRONY	PARTNER
ALTER EGO	COLLEAGUE	FAMILIAR	ROOMMATE
AMIGO	COMPANION	FELLOW	SISTER
BROTHER	COMPATRIOT	INTIMATE	SUPPORTER
BUDDY	COMPEER	LOVER	WELL-WISHER

*A single rose can be my garden... a
single friend, my world*

Leo Buscaglia

Brainbox

```
J T E X E R M R V M N E H S M
S L T E V M S C E K E N R O Z
R E F T E E X T A V C M D E Y
E J B R Z X T H H E E S O T D
A S Y O K P E A P G I L I R E
S R E C L E B L L W U C C V Y
O S A V X R E A B U A O E D M
N T E T R T M M E G C I H P E
B D N N I E Z U A B L E I T D
L Y G E D O N S R E R N P H U
A N E V M W N M B B E I Z S L
T I N E K U E A R A E A G J L
N A I U M Y C R L E S R S H A
E R U G U R E A H S U R E V T
M B S U L U M I T S R A H C E
```

ACUMEN	CORTEX	MENTAL	SHREWDNESS
BELIEVE	EXPERT	NERVES	SPECULATE
BRAINY	GENIUS	PINEAL	STIMULUS
BRIGHT	LOBES	RATIONAL	THALAMUS
CEREBRUM	MEDULLA	REASON	THOUGHTS
CLEVER	MEMORY	SAGACITY	WISDOM

Continuous effort—not strength or intelligence—
is the key to unlocking our potential.

Winston Churchill

Rivers of the World

```
E R G P E U P H R A T E S F F
I B A Y A B T I G R I S E A R
Z S L Y E R T P Q E W E V H A
N H C A B L A P E B B M E C S
E D H R C F L N V I B A R O E
K L O R C K I O A T A H N N R
C L I U I H W F W R M T B G D
A L O M R F T A E R F U N O H
M A P N G O M P T N O S D U H
N E L E D R E F U E X S H Y A
O Z T K N I E L N I R F I P V
K A F I N O K E U O Y N F Z E
U U I D H T H E N J D Y U Y L
Y D E L A W A R E U E S I O Y
X K A L A M A P S E R T I N E
```

BLACKWATER	FRASER	MACKENZIE	THAMES
CONGO	GREEN	MURRAY	TIBER
DELAWARE	HAVEL	PARANA	TIGRIS
DNIEPER	HUDSON	RHINE	WHITE
DOURO	INDUS	RHONE	YELLOW
EUPHRATES	KLONDIKE	SEVERN	YUKON

Be still like a mountain, and flow like a great river.

Lao Tse Tung

Birds

```
D K A T L P M L R U G U G D X
R P Y E E I E I G N N D D X J
I B Q L H A A T F O T W N F C
B P P Y G R R T R O O S T E R
E N K L Y W O L N E I S N X J
T V E E S H Q E J I L P E B V
A W O F X M E B N F P I P I T
G H U D B X X U I V D F J Q F
I S T O R K T N Y X E E A Z W
R E I N G H C T B E N G U L L
F J P S A H K I T E K I R H S
W V H T K W U N X I R R B E F
M Y C V C I S G A O X P U O T
T H R U S H N N O E G I P T R
Y D H U R X H K P X N X J O R
```

DOVE
EAGLE
EGRET
FINCH
FRIGATE BIRD
GOOSE

GULL
KITE
LITTLE
  BUNTING
NUTHATCH
PETREL
PIGEON

PINTAIL
PIPIT
RHEA
ROBIN
ROOK
ROOSTER

SHRIKE
SISKIN
STORK
SWAN
THRUSH
TURKEY

The reason birds can fly and we can't is simply because they have perfect faith, for to have faith is to have wings.

J. M. Barrie

Classical Musicians

```
A N N A B K T R R Y K S I A M
N I A A M A E P E R L M A N E
E H R O S T R O P O V I C H C
S U A E T E O B V E Z F O Z A
N N N U V I Y S I V R I U E S
A E M I S A N V S R S P I M A
J M N K W E G I G T O N U O L
A J K L I I R N R I N L W D S
R R A O L Y F A F E L B L I E
A G E E L F K G L O H B Y I I
K H L Y I H U G V I A C E K I
U S D W A T B A J E L X C R R
K I I P M M D C F A S Z W O T
S T O A S C N I E T S N R E B
P C N O L I T T E D E N E B I
```

BARBIROLLI	GALWAY	JANSEN	MUTTER
BENEDETTI	GILBERT	KARAJAN	OISTRAKH
BERNSTEIN	GILELS	MAISKY	PERLMAN
BOCCHERINI	GLENNIE	MAYER	PREVIN
CASALS	GUTMAN	MENUHIN	ROSTRO-
DU PRE	HAUSER	MULLOVA	POVICH
			WILLIAMS

Works of art make rules; rules do not make works of art.

Claude Debussy

Explorers

```
H V H J L N B P Y C L A S E N
Y A Y G E E O S Q E N M B E P
E C R D I S N T E N L T Y U H
C M D A R E E A P T L X O M S
H A T H B L L D B I R M O D I
O C O A O O T A Z L H O A H D
N K T C S T C A R R A S C O N
O E I V N M S S I S O O A G E
O N B E E J A E E B O F B D V
Z Z R L S M E N R T S O R E A
S I U H D V S A O E F R I N C
N E B O N T B S C A V B L Y R
A Y K C U L E H T F I E L D E
J V W R M D I N O L A S O C A
E P T M A F L L E H C T I M M
```

ALBANEL
AMUNDSEN
BARBOSA
CABRILLO
CARRASCO
CAVENDISH

CORTES
DE SOTO
ESCOBAR
EVEREST
FORBES
HYECHO

JANSZOON
LEIF THE
  LUCKY
MACKENZIE
MITCHELL
NICOLET
OGDEN

OXLEY
RALEIGH
SHIPTON
STURT
TASMAN
VELHO

Adventure is worthwhile in itself.

Amelia Earhart

Kitchen Items

```
N I K E M A R T R G K Q G Q B
Y S E Y R E Z E E R F T R X G
Q T E F K Z C V X P R E A S L
T R L Q I I C I Q I P C T I A
E A T C U N L R H I M E E E D
A I T J N A K T E T S D R V L
S N E D R Y V D O D Q T O E E
P E K D Y Y I P A P N E O O A
O R E T G S A U C E P A N V F
O R K E H E G K T P R N L H E
N G N A T J I R T F K B P O N
N H S C K S I H W Z N L I B C
L S P U O J U F I S H F O R K
S O U P B O W L S E V L E H S
Y X C I C O F F E E C U P B H
```

BREAD KNIFE	GRATER	RAMEKIN	STRAINER
COFFEE CUP	JUICER	SAUCEPAN	TEACUP
COLANDER	KETTLE	SHELVES	TEAPOT
FISH FORK	LADLE	SIEVE	TEASPOON
FOOD MIXER	LARDER	SOUP BOWL	TRIVET
FREEZER	PIE DISH	STOVE	WHISK

I have been in Sorrow's kitchen and licked out all the pots. Then I have stood on the peaky mountain wrapped in rainbows, with a harp and sword in my hands

Zora Neale Hurston

Famous Women

41

```
A S T N O S N I K C I D C B O
R N P F R A N K M O M B E R U
R N D E M O C B R O P O H Y J
H O A G X K H C H A N E L W B
E D R N E U C O N F Y R T M C
P E I L T R H K L N U R O L R
B L L T P A H O O I A V E E A
U E O E L U Y H H H D O Y N F
R K V I R S T L R P P A R L O
N R L S A N J A L A P W Y G N
X E T L A F E F T E O A J A A
D M O S T E A R S O V L S N O
E M T O D R A B L F W A B D J
E H A S O S S F I F T F C H M
N O T N I L C C H R I S T I E
```

ANTHONY	CHRISTIE	FRANK	MERKEL
BARDOT	CLEOPATRA	GANDHI	MONROE
BERGMAN	CLINTON	HEPBURN	PANKHURST
BHUTTO	DELILAH	HOLIDAY	SALOME
CAVELL	DICKINSON	JOAN OF ARC	SAPPHO
CHANEL	EARHART	KELLER	WOOLF

As you get older you must remember you have a second hand. The first one is to help yourself. The second hand is to help others.

Audrey Hepburn

44

Beauty (John Masefield)

I have seen dawn
And sunset
On moors
And windy
Hills, coming
In solemn
Beauty
Like slow
Old
Tunes

Of Spain.
I have seen the
Lady April
Bringing the
Daffodils, bringing
The springing
Grass and
The soft
Warm
April rain.

Large

```
E S U O R T S N O M E R A L N
O S O E G A R G A N T U A N E
R G N R H T S A V G D I W N C
S N N E U C F I T S T N A P G
S I C P M E I A E N Y H A N K
U M C M O M E H A V T E I R P
O L I U N R I T T A I R G E G
M E M B G V S M I I E S B U Y
R H S N O B C V A W L C S Y H
O W O M U W E I O M C O L A E
N R C S S L A T N E M U N O M
E E K C O L O S S A L O Z O M
E V P R O M I N E N T K T C M
K O M A C R O S C O P I C H E
P B K W E Z I S G N I K T B M
```

BUMPER
COLOSSAL
COSMIC
ENORMOUS
GARGANTUAN
GRAND

GREAT
HUGE
HUMONGOUS
IMMENSE
KING-SIZE
LEVIATHAN

MACROSCOPIC
MAMMOTH
MASSIVE
MONOLITHIC
MONSTROUS
MONUMENTAL

OVER-
  WHELMING
PROMINENT
SUBSTANTIAL
TITANIC
TOWERING
VAST

You can, you should, and if you're brave enough to start, you will.

Stephen King

Absolutely

```
Y C Y L E T E L P M O C A R D
L L E Y L B A I N E D N U S E
T E S C E T A P K J U S T S O
C A O P R Y L L A N I F T A Y
A R Y U A A Y U L S P O E V L
X L L I L Q H D R F R R V B
E Y B N E U O E E C Y S L S I
T U L R I N C C O U L U Y U L
A Y U T E I I U L E L R D P L
B P E S D S R U U H O E E R A
D S T E E S E O N J H O E E F
O L D L E E H N K E W U D M N
Y L Y Y L L U F Y H G A N E I
Y E I N E V E R Y W A Y I L U
B Y A L L M E A N S C E H Y F
```

BY ALL MEANS	FOR SURE	INFALLIBLY	QUITE SO
CLEARLY	FULLY	JUST SO	SUPREMELY
COMPLETELY	GENUINELY	OF COURSE	TRULY
DECIDEDLY	HONESTLY	PLAINLY	UNDENIABLY
EXACTLY	IN EVERY WAY	PRECISELY	UTTERLY
FINALLY	INDEED	PURELY	WHOLLY

Never doubt that a small group of thoughtful, committed citizens can change the world; indeed, it's the only thing that ever has.

Margaret Mead

Opportunity

```
A S O A S U T A E J R E P O N
K P S T H N E D F R R U M X R
J M G A E U R K T E U L O I X
O E K M P Z C U R N U S O H T
V P O J G G O Y T R E B I L B
D M E E L N N X M C E V E E M
O N F N E I T V U V A P E L L
N G C C I N I T I O O S O L E
O H A L I N N E A C Q T E H R
I P C R D U G B S B K P A E U
S W A C V R E T R M S I S H T
A E O S S E N T I F O T C S C
C S O H I H C J S I X O E U N
C A O E S T Y F L I N G R Y U
O T Z B F Y T I U T R O F W J
```

CONTINGENCY
CUT
EVENT
FITNESS
FLING
FORTUITY

HOPE
HOUR
JUNCTURE
LEISURE
LIBERTY
MOMENT

OCCASION
OPENING
PASS
ROOM
SCOPE
SHOT

SHOW
SPACE
SPELL
THE RUNNING
TIME
TURN

It is not very often that an opportunity comes knocking. But when it does, you better be bathed and dressed, and ready to answer its call.

Jyoti Arora

Communicate

```
E T I R W D R O C E R S O K T
R C Z C M S T A Q W S L L E V
U E N C L A L I C O Y A X P C
T J P E L L I A R B N T C O D
S O T O F U M C X G I R N N A
E R I O R A A V I N Z S N Y C
G P R I R T N S G N U N A E T
L A N G U A G E O L N E H X Y
S Y A P R L Y S T E H T C P L
K I J Q R K S D R F O S E R O
D M U D N A R O M E M I E E L
H E M T P B L A L G T L P S O
J P I G E O N P O S T T S S G
W D W S S U C S I D K Z U A Y
L Q M D E T E T A E T E T H E
```

BRAILLE
CALL FOR
CONSULT
DACTYLOLOGY
DIAGRAM
DISCUSS

GESTURE
LANGUAGE
LISTEN
MEMORANDUM
PASS ON
PIGEON POST

PONY EXPRESS
PROJECT
PUT ACROSS
RECORD
REPORT
SIGNAL

SPEECH
TALK ABOUT
TETE-A-TETE
TEXTING
UTTER
WRITE

Be patient and understanding. Life is too short to be vengeful or malicious.

Phillips Brooks

Things With Wings

```
G H A R P Y L F R E T T U B N
A N O S E N A R C A B U R U N
R T O R A F S C U G O O S E N
D U S H N E Y I P L N S E R K
Y V C I P E D X I E A E E I R
L K H Y Y T M D H B V A E M
F G E N S X R B K E Y L D P Y
N J R P Z T Q G L W S I S E T
O L U F Y K O B F P L D R A A
G E B A D H M R H G R I N F E
A L M I N U N I K I P G C D A
R T I R B B N G B M K S H S R
D E D Y J X I D A O N L A W K
L E G N A B G V I N B W A W P
B B E T T T H G I L O R C I M
```

ANGEL	CRANE	GNAT	MIDGE
BEETLE	CUPID	GOOSE	SPHINX
BIRDS	DRAGONFLY	GRYPHON	STORK
BUMBLEBEE	EAGLE	HARPY	VAMPIRE
BUTTERFLY	FAIRY	HORNET	WASP
CHERUB	GLIDER	MICROLIGHT	WYVERN

*We are each of us angels with only one wing, and
we can only fly by embracing one another.*

Luciano de Crescenzo

SWEET...

```
N U P R E H D Y E G N E V E R
E G I A S E P L Z M V M C G F
E N E U E G E E D O T A T O P
T I S I W Y P C N A U R H S I
X L F A A C P I O C N J L K C
I L T S L B E C M E T O D Y K
S E S C M G R R L N S R T R L
R M Q H T A R E A T E A E R E
W S W R Y C E K A E H M K E S
M I A E G N A R O D C H C H A
L E L A V D B E D K S T O S G
H T E L O I V V D A I O R D I
O S G N I H T O N E W O I S R
A S S U G A R L F E R T E C E
Q B R J W K M C D E T N E C S
```

ALMOND	DREAMS	PICKLES	SIXTEEN
AS SUGAR	HEART	POTATO	SMELLING
BREADS	MARJORAM	REVENGE	TOOTH
CHESTNUT	NOTHINGS	ROCKET	VIOLET
CICELY	ORANGE	SCENTED	WATER
CLOVER	PEPPER	SHERRY	WILLIAM

You don't love someone for their looks, or their clothes or for their fancy car, but because they sing a song only you can hear.

Oscar Wilde

Gardening

```
L A V E Z A S P A R A G U S I
T E E Z I D W E E D I N G H L
E A S J I H T N I C A Y H A M
D E Y H W S I A B S S R V I W
A Z C Z Y A N B L E C E L H S
F R V V T N E A L E N U D T E
O L Z N U R I B I D M L C Y N
L N O A O N A G E L O E G S I
I C L W N T N R B I S D N R P
A S G E E I M U O N S L I O L
G A R G E R E U I G O S T F A
E E E O E I S U L S L L N D P
P V H T S O P M O C B U A E E
E R A H E D G I N G H G L G R
O O B M A B A R A H U S P Y S
```

ALPINES	CONTAINER	HYACINTH	PLANTING
ANNUALS	FLOWERS	INSECTS	SEEDLINGS
ASPARAGUS	FOLIAGE	LAVENDER	SLUGS
BAMBOO	FORSYTHIA	MULCH	SNAILS
BLOSSOM	HEDGING	ORCHIDS	VEGETABLES
COMPOST	HOEING	PERENNIALS	WEEDING

Let us be grateful to people who make us happy, they are the charming gardeners who make our souls blossom.

Marcel Proust

Affirm

```
Y B D N A T S Z T Z D E V O O
J B E S R O D N E N D Q T Z E
J E I T M Z J A E N S W E A R
A U S K A V M T E X S Y K A A
S J U T D R N T Q Q R U T D L
S W B N A O T A E W I I R V C
E I S A C B Z S I S F O V E E
R Q T R L U L T N Y T O E Q D
T S A R E L N I A O U I E E N
S T N A O E E C S C M S F V E
E A T W S P H G H H O E V Y F
T T I S Z E P U E P A C D G E
A E A M C S Z U E G D E L P D
R R T K C G M D S B A C K U P
K F E Y B T S E T T A N I Y E
```

ALLEGE	DECLARE	ESTABLISH	SUPPORT
ASSERT	DEFEND	PLEDGE	SWEAR
ATTEST	DEMONSTRATE	RATIFY	TESTIFY
BACK UP	DEPOSE	STAND BY	VOUCH
CHECK	ENDORSE	STATE	WARRANT
CONTEND	ENSURE	SUBSTANTIATE	WITNESS

The meaning of life is to find your gift.
The purpose of life is to give it away.

Pablo Picasso

Discover

```
E D D A E T A L U C L A C A S
E V I E C R E P H O S Y A E C
A E S N E S E T E E F R A H A
S A T C A V R X T I N V E N T
O S I N G A P A T C E T E D I
T C N I E O C R I N R N B V N
O E G N S O E X B I R E L E T
Y R U E L C V Q D F D A A X R
F T I D E N T I F Y A Z E P O
I A S G D I S C L O S E V L D
R I H L I C Q U A R B Y E O U
E N U Q E N C O U N T E R R C
V K Y R E S A S I G H T A E E
L C N G T D E T E R M I N E C
P E T N E M I R E P X E A E N
```

ASCERTAIN	DISCLOSE	IDENTIFY	PERCEIVE
CALCULATE	DISTINGUISH	INTRODUCE	REVEAL
CERTIFY	ENCOUNTER	INVENT	SENSE
DETECT	EXPERIMENT	LEARN	SIGHT
DETERMINE	EXPLORE	LOCATE	UNEARTH
DISCERN	EXPOSE	ORIGINATE	VERIFY

The real voyage of discovery consists not in seeking new landscapes, but in having new eyes.

Marcel Proust

Cake Baking

```
S S D L L F C H T D K W C T G
T Z P W J C E D G R A E G D R
N D R O T I U R F T A R N M T
A C T B N T K B E N M Y I R E
R L F E Y G R R U A E X L A M
R H U A Q E E D E T E A L G P
U B U T C N S R B R T S I U E
C P P I A H C A O P N E F S R
V K P N S P W X N I T E R W A
P E S G X P S B S A R D N W T
U S N P S I O I R U T E T B U
O V E N C R A O R U O L F H R
U X U I R R C O N E M I U P E
K I N G R E D I E N T S N S M
S G G E D V Z Q K Y J F X F X
```

BEATING	EGGS	MIXER	SPOON
BOWL	FILLING	OVEN	SUGAR
BUTTER	FLOUR	RAISINS	SULTANAS
CREAM	FRUIT	RECIPE	TEMPERATURE
CURRANTS	ICING	SPATULA	TRAY
DECORATE	INGREDIENTS	SPONGE	WATER

If baking is any labor at all, it's a labor of love. A love that gets passed from generation to generation.

Regina Brett

53

Grow and Grow

```
N E D A O R B V L E V Q V Y F
I C U D E T F E X T E N D L E
T P R N N E K Y E A E F M P S
D L D U E X B S A L L L G I A
Q U O E M P I X O A B X U T E
B M I L C A E B R C U Q N L R
N P G Y R N M E H S O M E U C
Q E F U R D O Y D E D S H M N
S K K G F U Y F I S N E T N I
W S N C T E R U T A M B G J Y
E A U U I Q O R R L L Y N X U
L R W R H H E J R O W X E M Z
L I O P G T T J A O D I L J C
W S U U C E E T Y F I N G A M
D E D H K E T A N I M R E G E
```

ARISE
BLOAT
BROADEN
CLIMB
DEEPEN
DOUBLE

ESCALATE
EXPAND
EXTEND
FLARE OUT
GERMINATE
INCREASE

INTENSIFY
LENGTHEN
MAGNIFY
MATURE
MOUNT
MULTIPLY

PLUMP
RAISE
STRETCH
SURGE
SWELL
THICKEN

Where flowers bloom, so does hope.

Lady Bird Johnson

Indoor Games

```
G W R S K N I W Y L D D I T S
G W M S T X B D X R I U C E G
N M K R E R C A N A S T A L U
O A K G I L A T M H E V N D Y
J C R D M Q B D P E L O T A G
H H G M M W L R Z E Y U S R B
A E E S W O S K A Q G Y O C O
M C D O G R N E Y M P U L S P
A K R O T E O V P L I I T E
I E J X M C X S P E S M T A E
K R T A E I A C T O N I A C P
I S T M C G N T H L L S I Y O
D V U I L K E O C E I Y R W O
O P M Q S K S S E I S N E S L
P J S E V I F U M S T S G J E
```

AIKIDO	CHECKERS	JACKS	POOL
ARM	CHESS	MAH-JONGG	ROULETTE
WRESTLING	DARTS	MARBLES	SEVENS
BO-PEEP	DOMINOES	MONOPOLY	SOLITAIRE
BRIDGE	FIVES	OLD MAID	TIC TAC TOE
CANASTA	I SPY	PELOTA	TIDDLYWINKS
CAT'S CRADLE			

*Talent wins games, but teamwork and
intelligence wins championships.*

Michael Jordan

Brave

```
L F C R E S S S P I R I T E D
P A E S S E L T N U A D M I G
D S C I N M L O A R I A V N N
M R N I S E R U F L N W A D I
Y E D Z O T V T K L W U L O H
L K T I K T Y H Y Z N A O M C
A S C G P L S E E A Q V R I N
P G A U D E T A F R M A O T I
J M N E L N R R T Z O L U A L
E N P I A P A T P F Y I S B F
V N E L R I A E N B D A C L N
I F L Z D A L D L I R N P E U
I A A Y A W D U N T A T N W E
G B O W V R Y K E E H C J E A
Y T T I R G B Y T H G U O D A
```

BRAZEN
CHEEKY
DARING
DAUNTLESS
DOUGHTY
FEISTY

GALLANT
GAME
GRITTY
HARDY
HEROIC
INDOMITABLE

INTREPID
MANLY
METTLE
PLUCKY
SPIRITED
STALWART

STOICAL
STOUT-
  HEARTED
UNAFRAID
UNFLINCHING
VALIANT
VALOROUS

The secret to happiness is freedom...
And the secret to freedom is courage.

Thucydides

Trees and Shrubs

```
I R K A R I D Z W C H C R A L
Y F E O E R B H N K V I K S F
E G A B U T I U M N F Q C O O
P N S B B T J B A S J O S M H
O E Y A E U W T A U T S O I A
G P L B D A R L R S O G L M D
N S E E T U G O P E R A I T N
A A Y T K U J I W I E A V X A
M N L A O D N K B A O A E I R
A E H D H E E A T A N Z B P A
P A I N O T G N I L L E W M C
L E L S Y C A M O R E B Q O A
E P C E C E P B Y C F M K O J
L A Z A C A R R H E L D E R U
E D A I N U T U Y J W K P B B
```

ASPEN	ELDER	MIMOSA	SCOTS PINE
BALSA	JACARANDA	OLIVE	SYCAMORE
BEECH	JUDAS	PEAR	WATTLE
BROOM	LARCH	PECAN	WELLINGTONIA
DATE	MANGO	ROWAN	WHITEBEAM
DOUGLAS FIR	MAPLE	RUBBER	YEW

The true meaning of life is to plant trees, under whose shade you do not expect to sit.

Nelson Henderson

Dressmaking

```
T O R T N Z S Q T A C K I N G
M M M R N E W G J X L R R I L
O O A U C E D W N K O P F B W
F Y D Q A Z M G J L O X P B N
S S L E P T U R I P P B D O B
C M J S L A T A A N S B G B K
I R S L T L T T A G G M S L E
S O S S B R T E J T H E A C G
S F F T E E A J L O U H A N T
O S C A R L I D O D C L I Y H
R S O N B E V K W P E T Q C R
S E T Z T R S A I N T E S A E
Y R T S E W I N G U M I N M A
J D O M L K S C C E L V H Z D
D C N J Q O E R L K T D P H O
```

BOBBIN	EDGING	NEEDLE	SILK
CHALK	FABRIC	PATTERN	SPOOL
COTTON	GARMENT	PINS	TACKING
CUTTING	HOOKS	SCISSORS	TAILOR
DARTS	LACE	SELVAGE	THREAD
DRESS FORM	MODEL	SEWING	YARN

Keep your heels, head and standards high.

Coco Chanel

Famous Buildings and Monuments

```
P A N D O O W E M O H D A E L
A L I M A S A C V A Y R T R G
R A N I M R A H C E C I E Y J
P M O R E W O T I D A Z A N A
A X E N E M A D E R T O N R M
C U H P I O B T L A S C A L A
A T T Y N L R E W O T N C A M
L A N R M I M S U A H U A B A
L J A A O T H E S H A R D T S
I M P M F E S A R Y B H I H J
V A P I E D K I N K A K U A I
B H O D B U R J A L A R A B D
E A Y S A R H I L L H O U S E
L L O Y D S B U I L D I N G M
A R B M A H L A P E D R E R A
```

ALHAMBRA

ARC DE
   TRIOMPHE

AZADI TOWER

BAUHAUS

BURJ AL ARAB

CASA MILA

CHARMINAR

CN TOWER

HILL HOUSE

HOMEWOOD

JAMA MASJID

KINKAKU

KREMLIN

LA PEDRERA

LA SCALA

LLOYDS
   BUILDING

NOTRE DAME

PANTHEON

PYRAMIDS

TAJ MAHAL

THE SHARD

TIKAL

UXMAL

VILLA CAPRA

 *A great building must begin with the immeasurable, must go through measurable means when it is being designed, and in the end must be unmeasured.*

Louis Kahn

All Bright

```
R D E T A N I M U L L I G V C
T U A N S I E G E L O A R W X
H S R A H A Y R N M R A C Q G
G N I L K N I W T I E A I A N
D I D N E L P S S L D D D T I
C D F I E R Y H C H C N M B Z
R I T T V C J R P H I D I U A
B R T S H I M M E R I N G L L
E U F G C P O E A V I V I D B
A L L P N E R D Y N L G E N G
M W S M F F I N T P H I Z S G
I E H A U A N E H T S S S T Z
N D O L N U N V P K S G Z A G
G A W T S S G L O W I N G R U
S L Y E E D I C U L L E P K U
```

BEAMING	GARISH	LURID	SILVERY
BLAZING	GLOWING	PELLUCID	SPLENDID
BLINDING	HARSH	RADIANT	STARK
CHEERFUL	ILLUMINATED	SHIMMERING	SUNNY
CLEAR	INTENSE	SHINING	TWINKLING
FIERY	LIGHT	SHOWY	VIVID

Hope is being able to see that there is light despite all of the darkness.

Desmond Tutu

Mindfulness

```
E R S S E N S S E L E M I T E
Z E E E V I T C E P S R E P S
S V I G I L A N C E S E M F C
A H T I A C W V H K E R F O T
N L F H T R Q I I K N A N N H
C P U U G L D S S F C C E D O
T U F F Y I W I Z D E M M R U
U G O U D T L O X N O Q O S G
A N C F R E I N T M S M G B H
R I U R B W E R E F N N G S T
Y N S E Y X A H A R I M P L F
O E O E F T T Y M L H A Q P U
Z P U D I N D L E F C A Q O L
T O L O I H A E P E A C E M G
H K N M V C F Y T I N E R E S
```

CALM
CARE
CLARITY
CONCEN-
  TRATION
ESSENCE
FEELINGS

FOCUS
FREEDOM
HEEDFUL
IN THE
  MOMENT
LIGHT

OPENING UP
PEACE
PERSPECTIVE
REGARD
SANCTUARY
SERENITY

SOUL
SPACE
THOUGHTFUL
TIMELESSNESS
VIGILANCE
VISION
WISDOM

With mindfulness, you can establish yourself in the present in order to touch the wonders of life that are available in that moment.

Thich Nhat Hanh

Education

61

```
Y T I S R E V I N U S B U O R
M I A R T C E J O R P L M O U
E L F J T C E J A R P E T I S
D D A A T N A R G R I C O E N
A E C N A H N P R V U T T P Z
C I U I G S E P T R G U N U I
A I L T N U Y O T A T R L O S
T U T O R S A S R A I E U R U
U S Y R C D N G T Y S N B G T
T J L H G I I S E S T U D Y I
C W O A Z P T L O S L F J A R
R O M I U L E N S I Y D Y L E
L E D U Y O S D N E E Y Z P M
S E U A Y M T E X A M I N E E
W E Y O I A S P N E E R A S T
```

ACADEMY	FACULTY	LECTURE	STATUTES
CAPTAIN	GAMES	LESSON	STUDY
DEAN	GRANT	LINES	TESTS
DIPLOMA	INSTRUCTOR	PLAYGROUP	THEORY
EMERITUS	JANITOR	PROJECT	TUTOR
EXAMINEE	LANGUAGES	SCHOOL	UNIVERSITY

The beautiful thing about learning is that nobody can take it away from you.

B.B. King

Movie Stars

```
B A E N Z Y N N Y L F K O W S
O B U F T E E A Q U I A D E R
T E H C A P E N M Y E R S Z U
I H O P K I N S O K N J E F S
V K E A T O N E R O C L L S T
E F J C C I O T F T L A B E I
D U O B P R F O D W I C H V N
C E T E N O S L E R R A H E O
S I S O R T Y G I E E R C E V
O D M C E Q E B D B Y O Y R D
T R N R O R N G H K N F H S R
D A H C O I R A D N O F C N I
B P N Q U A I D E P L G N B V
I E A D V O P R A D D V E F E
B D P E Y K Y M A X S R D R R
```

BANCROFT	DRIVER	HOPKINS	REEVES
CLOONEY	FLYNN	KEATON	REYNOLDS
CONNERY	FONDA	MONROE	SNIPES
DENCH	FOSTER	MYERS	TANDY
DEPARDIEU	HACKMAN	QUAID	USTINOV
DEVITO	HARRELSON	REDGRAVE	ZELLWEGER

Always be a first rate version of yourself,
instead of a second rate version of someone else.

Judy Garland

Loveliest of Trees (A. E. Housman)

```
Y T N E V E S W W W W F E O N
B G A B T O M L O Y Y D W I Z
D W L G R S T O B N I Y S E H
E H O O E B E O R R S G F G A
R I G Y O D V I D F N H U I W
O T L K M K I N L I E O T O D
C E L J P O A T H E B K O I W
S F I G P L O T R E V D A I W
E O W P D K A R H E L O T T U
E R I O T A A T E A T H L U G
R F O Q N G Z Q N L B S Z P S
H W Y D H D K D J L T Y A M T
T B T X S A S C O R E T C E A
S E R E N A Y O H J S N I N N
N F I F T Y M O R E X E O L D
W O N Y R R E H C U P W H L S
L E P S G N I R P S Y T F I F
```

Loveliest of trees, the cherry now
Is hung with bloom along the bough,
And stands about the woodland ride
Wearing white for Eastertide.
Now, of my threescore years and ten,
Twenty will not come again,
And take from seventy springs a score,
It only leaves me fifty more.
And since to look at things in bloom
Fifty springs are little room,
About the woodlands I will go
To see the cherry hung with snow.

```
D Y E C N A D N R A B G H Q R
P A Y Z P M B A G R A T T E C
A G S P S S G N Z H E R G W S
K V L O E N I H A M E A N J O
B E H T I T N A Y D R Y I N G
S J P G R I I S I O O B K J S
I R N O R R A C T N D T A H W
M I S Z E I R S H F E A M A O
S I I T B N G F S A J E Y Y D
F O L U R G G M E H F W A S A
A O A S R A E P L S A F H T E
O V G J U C W L A K Q R T A M
F A E H S A R E B C U J E C N
Y T I R E P P O H A A S T K H
G R B J A A B U F S O J S A U
```

APPLES	DRYING	PEARS	SINGING
BALES	GRAIN	PEAS	SORTING
BARN DANCE	HAYMAKING	SACKS	STORAGE
BERRIES	HAYSTACK	SHARE	STRAW
CHAFF	HOPPER	SHEAF	TIRING
CIDER	MEADOWS	SILAGE	TITHE

The thankful receiver bears a plentiful harvest.

William Blake

Artists

```
X A C H P S B B U T S C R R E
V I R S T Y J L D R B U G D E
P B O E V R E S N E P S L R L
L O H R A W A K J K U O N L K
E R A W C V U G C C N S Y S Y
S E N E R A G E O A T U S X R
K H M A P P L E T H O R P E I
N E E T S I D E G A S I A H U
X J L U U C B D D A V I N C I
E S S I T A M L U C E M Y S E
X B A N K S Y N A R O P T O O
T Y B N M S U S J K E T Y B T
I S F A W O E R U Z E R M O G
R K O U F O L O I C C A R A C
M O B J D L A W E N U R G L N
```

BANKSY   DEGAS   HACKERT   PICASSO
BLAKE   DELACROIX   HOGARTH   SPENSER
BOSCH   DUFY   KLEE   STEEN
CARACCIOLO   DURER   MAPPLE-   STUBBS
COTMAN   ERNST   THORPE   SULLY
DA VINCI   GRUNEWALD   MATISSE   WARHOL
                                NOLDE

Every child is an artist. The problem is how
to remain an artist once he grows up.

Pablo Picasso

Happy

```
E E D J C I T A T S C E E D D
C S Q X N E D A Y G Z A T A E
X U W E J N E I K K P Y T L L
Y N N U M U N Z L R B E G B B
L N M C B A P G C U U E O E U
L Y O X J U H L N U R C P L O
O J P P Y Y O U E I P Y K L R
J M P D I K R Y E A L B O Y T
O O R N E D I P A E S I E Q N
V S Y A Z L C M V N T E M A U
I I C F D E L I G H T E D S T
A A F N U I L I C O N T E N T
L W L A Q L A Y R D E T A L E
N S M E R R Y N E H T I L B E
G N I H G U A L T M T N A B E
```

BLITHE	EUPHORIC	LAUGHING	RADIANT
BUOYANT	GLAD	LIVELY	SMILING
CONTENT	JOCUND	LUCKY	SUNNY
DELIGHTED	JOLLY	MERRY	THRILLED
ECSTATIC	JOVIAL	PERKY	UNTROUBLED
ELATED	JOYFUL	PLEASED	UPBEAT

Very little is needed to make a happy life; it is all within yourself, in your way of thinking.

Marcus Aurelius

European Capital Cities

```
G E S U I N L I V A N F N Z E
P U M B M N O J D I H E E A W
L A I Z I O F S C L G U F O S
A N N A X B F O J A G T C A O
M I S G A S S U H A A S N L B
S S K R O I B N R L O M U O E
T I M E A L E P L M A H A N R
E H R B J P W I J R L Y R D L
R C E A O K N B I S Z E F O I
D W N C P N S N K N B I G N N
A A T K Z N O O I M A D R I D
M R H U J C P L F M E A D U Z
R S D E F J B F O I U E R J O
Q A A S E U P O Y F A E S Y V
V W W C D S M L O H K C O T S
```

AMSTERDAM	LISBON	NICOSIA	STOCKHOLM
BERLIN	LJUBLJANA	PARIS	TALLINN
BERNE	LONDON	PRAGUE	VADUZ
CHISINAU	MADRID	SAN MARINO	VILNIUS
COPENHAGEN	MINSK	SKOPJE	WARSAW
DUBLIN	MOSCOW	SOFIA	ZAGREB

See the world. It's more fantastic than any dream made or paid for in factories.

Ray Bradbury

Inventors

```
N A M T S A E R E R A S A E J
O L P W D T F E T H E R D S O
S G E A E T E B A Y L I S R D
Y R R V S A J P F X R S I R Z
D E R K R C E A H L E B L E X
Y I Y A O M R P O E Y A G G Z
E F H L M A A J N K N P S N A
M L T A D I W W S E G S O I K
F O R A B I B R R N S S O S A
O G Y F L L E B L I I N Z N B
R T N E I V N S J D G V U E B
D N O L E D D W E O O H N B U
N O B S T O I T U L L Z T H L
C M E A L E X G T A Y R E P M
K D L A A I A A J U I D L Z S
```

BAYLIS	COLT	FARADAY	PERRY
BELL	DE SEVERSKY	FORD	SINGER
BENDIX	DIESEL	GRAMME	STEPHENSON
BENZ	DYSON	MONTGOLFIER	TULL
BIRO	EASTMAN	MORSE	VOLTA
BUNSEN	EDISON	NOBEL	WRIGHT

*Sometimes it is the people no one can imagine
anything of who do the things no one can imagine.*

Alan Turing

Good-looking

```
D Y N K J Y N N O B P H R F E
S E Z S U O R O M A L G S E M
K Q F E T N A I D A R H B T O
E X C O M E L Y D W N Z T C S
G X J R Z A L S M A R T N H N
C R Q Y C N T B V F P Q A I I
L O A U S F H J A X G P G N W
I U R N I Y V S H N E L E G V
E Z F Y D S D U I L O Y L R F
I N E I T Q I N Y L O S E E U
B F I T T T N T A S Y V R H P
R N A F U U E F E D T T E E R
D E V I T C A R T T A C S L P
V S V S R T N E P M F D N F Y
A L L U R I N G B F O X U V R
```

ALLURING	DANDY	FINE	RADIANT
ATTRACTIVE	DAPPER	GLAMOROUS	SHAPELY
BEAUTIFUL	ELEGANT	GRAND	SMART
BONNY	EXQUISITE	LOVELY	STUNNING
COMELY	FAIR	PERSONABLE	STYLISH
CUTE	FETCHING	PRETTY	WINSOME

Take care of your inner, spiritual beauty.
That will reflect in your face.

Dolores del Rio

Friendship

```
A M E C N A N O S N O C M B D
G V F E Y R M Y B E Y A E E S
R N R A V D N P E I T S E N S
E S I K A O R M E T I N T E E
E A Y C M A L Y R G M U S V N
M E C R I J P A C T O O E O D
E H A D R O C C A S C R I L N
N H M F N T J F O I G S D E O
T E I O I E F E M U F R N F
W L T O C E J T R F P L O C M
S C N Y C A Y P W R E A C E C
N O I T O V E D E A R L N M L
L L I W D O O G G O S A O Y E
E O G T S E L U B R E M C A V
N W D R A G E R A P P O R T E
```

ACCORD	COMPANY	FUSION	PACT
AFFECTION	CONCORD	GOODWILL	RAPPORT
AGREEMENT	CONSONANCE	HARMONY	REGARD
ATTRACTION	DEVOTION	INTIMACY	REJOICING
BENEVOLENCE	ESTEEM	LEAGUE	ROAR
COMITY	FONDNESS	LOVE	SOCIETY

No one is useless in the world who lightens the burdens of another.

Charles Dickens

Better and Better

```
D E R E V O C E R A S P E R E
M R C O U A R E T A E N N E O
V E N P E R F E C T E D E T R
W F N E S H R U S E C U R E D
O O J D E R T E Y L A R G E R
I R R A E A E C T Y I N P W V
J M L T B D K V L T O E R S Y
X E O O H W P I I R I G E E R
D D V A M I S O T S G F G N O
D E D N A M E S L N E H G R I
D E P M A V E R A I V D I I R
O D E R O T S E R E S W B C E
N D T R E D N U O S Y H R H P
D E V O R P M I D E F A E E U
R T O D E C N A H N E P W D S
```

A CUT ABOVE	HEALED	POLISHED	SMARTER
BIGGER	IMPROVED	RECOVERED	SOUNDER
CURED	LARGER	REFORMED	STRONGER
ENHANCED	MENDED	RESTORED	SUPERIOR
ENRICHED	NEATER	REVAMPED	SWEETER
FITTER	PERFECTED	REVISED	WORTHIER

Optimism is the faith that leads to achievement.
Nothing can be done without hope and confidence.

Helen Keller

Leaders

```
D I S T E R A R O T A G N I K
A D A S H R O I J E A S A G S
N H P A R T A S A V U W N C X
K A R S N S O M E R P U S A I
Q M T O A A O W O M O G U L B
U R Y N R R T N B H A H S I B
E T N E G E R L I J K N E P A
E H C V L E P I U A D K S H R
N H F U V R V M W S T M B U S
I K N O Q E X M E P O P L G H
T R G K A S L C I N R E A Z E
Y O L A R I M D A K R I V C I
V Y K E V A R R Q A A J N L K
Q A U B U K C Z G D H D F C H
K M S O O H D V F R R A O X E
```

ADMIRAL	KING	POPE	SATRAP
CALIPH	MAHDI	PRINCE	SHAH
CAPTAIN	MAYOR	QUEEN	SHEIKH
EMPEROR	MIKADO	RABBI	SULTAN
GOVERNOR	MOGUL	REGENT	SUPREMO
KAISER	MONARCH	RULER	TSAR

In a gentle way, you can shake the world.
Mahatma Gandhi

Flowers

```
C J B I B R E V A P A P N R N
A C C H J W Y E I S A L V I A
L H A S H A S Q S O V T A G Y
I Z P N Q H I G I N L S J S A
L R T O T P A N R L T E N F N
H S F W P E D Y I E S A T V T
F S I D J P R L R X T J I V I
R J R R B H Y B A S O U A E R
P A H O X L I P U F C L X R R
N P T P N O G L X R K S G B H
W O I O A X U G Y P Y C G E I
X N D Y A M E E I Y M B J N N
K I O W I S M L H N E G E A U
C C V M U R U W M P G A H L M
M A G E N T I A N R Q D L P L
```

ANTIRRHINUM	IRIS	PAPAVER	STOCK
ASTER	JAPONICA	PHLOX	TANSY
CANTERBURY BELL	LILAC	PINK	THRIFT
DAISY	LILY	POPPY	TULIP
GENTIAN	MIMULUS	SALVIA	VERBENA
GLOXINIA	OXLIP	SNOWDROP	VIOLET

Nature does not hurry, yet everything is accomplished.

Lao Tzu

Genius

```
J D G E J C N Z Y S T I P X M
K P A K D R D R S A A B E N T
U S E E B E C E U Y L Y I Y I
J A E R H W W K J T E E N P J
H C A E R O N E N V N Q S Y L
I I R M R P P C R A T R T T E
N T T P R D X K Y U C J E I N
G D R P H S Z F T H T K I L D
E M A E E F L A I R S A N I O
N O S A P D D W C C H M B W
U D C A H X A Z A J G Y L A M
I S A C U M E N P R Y U A W E
T I O R I G I N A L I T Y C N
Y W M J P J N S C E E I Q I T
Y G I D O R P Y T L U C A F H
```

ABILITY	EINSTEIN	HEAD	PRODIGY
ACUMEN	ENDOWMENT	INGENUITY	PROWESS
ADEPT	EXPERT	KNACK	REACH
BENT	FACULTY	MATURE	TALENT
BRAIN	FLAIR	ORIGINALITY	TURN
CAPACITY	GRASP	POWER	WISDOM

*Like all young men, I set out to be a genius,
but mercifully laughter intervened.*

Lawrence Durrell

Books

75

```
K W H T Y R J T F I C T I O N
S B D O O D E S I O N X D L J
A V B L U E U T Q T S E A H E
H E J P Q M J T I A L T O M R
E A F C D U R L S R U E O J V
A N T H O L O G Y E W T J R N
Z X H L Y O T R I A I X H V Y
C D R Q A V I L N D Y R W O Z
C F E I X S D B A I X P E A R
U R C Y R T E O P N F G J S Q
B U I N D E X L P G R I R S M
I F P M E M F A D U N U C M G
B Z E J E K V A I K D E O S O
L Z S J S U R U A S E H T J J
E Z O C H R O N I C L E H E L
```

ANTHOLOGY	EDITOR	READING	TEXT
ATLAS	FICTION	RECIPES	THESAURUS
AUTHOR	INDEX	SCI-FI	TITLE
BIBLE	JOURNAL	SERIES	TOME
CHRONICLE	PLOT	STORY	VOLUME
CRIME	POETRY	STUDY	WRITER

Let us remember: one book, one pen, one child,
and one teacher can change the world.

Malala Yousafzai

Make a Fresh Start

```
S T N E M E C N E M M O C I K
H T R I B O Y I N F A E N N N
E C S Q U A R E O N E F J W O
T N I O P G N I T R A T S A I
A G E N E S I S G N R A M D T
P E I S F H G B C I W K S F C
F A R E M N F Y D Y N E F C U
M F B T I O P L W E N O Y A D
E P O R Z R O M M X K F G D O
O F P T E H E M R C S F N H R
U S B F S L A O I S O H I L T
T N A E R A O K E I U N N G N
S C R I E T L L F S R K E R I
E H S M A R O B J A C P P Y E
T E P R E L U D E B E A O S T
```

BASIS	GENESIS	ORIGIN	SOURCE
BIRTH	INFANCY	OUTSET	SPRING
BLASTOFF	INTRODUCTION	PREFACE	SQUARE ONE
COMMENCE- MENT	KICKOFF	PRELUDE	STARTING POINT
DAWN	ONSET	RISE	TAKEOFF
DAY ONE	OPENING	ROOT	THRESHOLD

Nobody can go back and start a new beginning, but anyone can start today and make a new ending.

Maria Robinson

Champion

```
I  U  D  E  T  H  G  I  L  F  P  O  T  I  R
A  L  I  B  A  L  A  P  I  C  N  I  R  P  E
C  G  S  T  I  P  T  O  P  N  O  T  C  H  O
A  W  T  R  E  I  M  E  R  P  T  H  W  W  U
P  S  I  L  L  U  S  T  R  I  O  U  S  O  T
I  U  N  N  S  A  S  B  U  I  S  F  R  R  S
T  P  G  S  N  S  R  N  C  X  R  E  N  L  T
A  E  U  A  O  I  B  E  D  P  Y  I  P  D  A
L  R  I  B  V  E  N  T  W  A  C  H  R  C  N
L  I  S  C  A  F  H  G  S  A  E  C  I  L  D
S  O  H  T  A  O  R  G  A  R  R  H  M  A  I
G  R  E  A  T  E  S  T  F  E  I  D  E  S  N
U  N  D  E  F  E  A  T  E  D  S  F  P  S  G
O  U  T  O  F  S  I  G  H  T  H  E  N  O  K
D  L  R  O  W  S  I  H  T  F  O  T  U  O  T
```

BOSS
CAPITAL
CHIEF
CHOICE
DISTIN-
   GUISHED
FIRST

GREATEST
HEAD
ILLUSTRIOUS
OUT OF SIGHT
OUT OF THIS
   WORLD
OUTSTANDING

PREMIER
PRIME
PRINCIPAL
SUPERIOR
TIP-TOP
TOP DRAWER

TOPFLIGHT
TOP-NOTCH
UNBEATEN
UNDEFEATED
WINNING
WORLD CLASS

If my mind can conceive it and my heart can believe it—then I can achieve it.

Muhammad Ali

Orchestral Music

```
G N I N U T O K L Y S F Z T C
C B R A S S E A V G R H R E G
M W A C K F B S N X E O Z K V
A N O R P M R I Z M S H O C C
J R S O I I R F M I O T U A H
E O N T D T C S N E P H L J O
L T O E S W O C H A M B E R R
O C I N O Y I N O O O B O E U
V U T O P N R N E L C D D N S
E D C B R S V N D S O A M N A
R N E M A H B A T T E R Y I E
T O S O N J C E L L O F Y D L
U C V R O B K Z T R E C N O C
R I N T E R V A L V B W Z P B
E G R A N C A S A E P L N N J
```

BARITONE
BATTERY
BRASS
CELLO
CHAMBER
CHORUS

COMPOSER
CONCERT
CONDUCTOR
DINNER
  JACKET
GRAN CASA
INTERVAL

LEADER
OVERTURE
PICCOLO
ROSIN
SCORE
SECTIONS

SOPRANO
STRINGS
TIMBAL
TROMBONE
TUNING
WOODWIND

*Next to the Word of God, the noble art of music
is the greatest treasure in the world.*

Martin Luther

Famous Men

```
S E F U S Y A W G N I M E H T
U S H K B U D T A F D J V K L
I H O M A E S R R L H Q O U O
C F J V U Q K E A A D B T B Y
U I D Q E R U A J K Z H O V S
F H E Z D D H S O S E O E X L
N N S V L L F E H R T B M I K
O A C Q I X R L N T Y X U W M
C D A G W O E A S R P R H H E
S A R T R E U W O U N R A G S
L I T W A E A N N K A O M I S
V N E L A D N Y T L H O M E R
M L S C H F E G E R T Q A L B
L M T F I P D S T Q E L D A D
B O L E G N A L E H C I M R A
```

ADENAUER
BYRON
CONFUCIUS
DESCARTES
DRAKE
FREUD

HEMINGWAY
HOMER
JESUS
JOBS
JOHNSON
LUTHER

MICHEL-ANGELO
MOZART
MUHAMMAD
NEHRU
ORWELL
RALEIGH

SARTRE
TYNDALE
VIRGIL
WALDHEIM
WALESA
WILDE

Courageous people do not fear forgiving, for the sake of peace.
Nelson Mandela

Horses

```
G B E A S X Y J R S N D X B G
B E D B T S R N N M S E C E T
L I D A A N D I O E Y E A W X
I D Y D L B E I A P H T N M T
N S D H L R R L Z O O S T U P
K L J Q I N B O H A R N E S S
E X I T O P H R N Z S K R T E
R S O T N H G C I C E T E A K
S X N N H U U Y E G O Q P N H
E I W D I H O O V E S A U G Y
P S E S H M R M G E L D I N G
T B P H V N O F C F D E U B R
R A C I N G H L R E N I U Q E
L H R R Z X T E A T H T R I G
N Z P E I H Y C N P S H O E S
```

BLINKERS	HARNESS	PALFREY	SADDLE
BRONCO	HOOVES	PALOMINO	SHIRE
CANTER	HORSE	PINTO	SHOES
EQUINE	MOUNT	PONY	STALLION
GELDING	MUSTANG	RACING	STEED
GIRTH	NEIGH	REINS	THOROUGH-BRED

Until one has loved an animal, a part of one's soul remains unawakened.

Anatole France

Varieties of Rose

```
I P E A C E Y K O C S A B A T
J D S Z M P R I C E L E S S S
A S O W Y E I N T L U X O R E
C E R L J Q A A B M A S O I R
K Y Y N E B F S Q M A R H S A
W V R O A A E L V T Y Y C V E
O P A N N X H P U U S R F I D
O X M I Y F T Z L N H U I L Y
D V T R O D D E N M A N R A U
B A E E Z C U N X U D R H T M
L X T D X Q C V Q A N O O R A
Y J I I B A I C I L E F Q S S
Y C B R O D I D L O G L L A A
H T E B A Z I L E N E E U Q B
O Y T H G I L E D E L B U O D
```

ALL GOLD	FELICIA	LUXOR	RIO SAMBA
ASHRAM	IDOLE	MARY ROSE	SEXY REXY
BRIDE	JACK WOOD	MYRIAM	TABASCO
DEAREST	LATINA	PEACE	THE FAIRY
DENMAN	LEGEND	PRICELESS	TIBET
DOUBLE DELIGHT	LUNA ROSA	QUEEN ELIZABETH	TRUST

But he that dares not grasp the thorn/
Should never crave the rose.

Anne Brontë

Composers

```
M A N I F I Z S R D U R N D A
M E P B D I L S U E N M E F Y
E U I R K E N C T I N G J T K
S C E K D D L I P S L G H E S
V V K N Y I E O S I L E A G V
I R A A S T H R N S F O D W O
N H H Z R C M K A A O E H I K
T E T N G O A S A V B R N R I
R Q V U N S V R C U E I R M A
A L B O V A B D S H L L A Y H
Z X B Y H E M S Q L U R G G C
O L D F R T Y E E F E B L H T
M A H L E R E B L B I U E E Q
E H A J Y H K E E E C W G R J
R E B R A B C W B K T P Q H T
```

BARBER	DVORAK	HOLST	SCHUBERT
BEETHOVEN	ELGAR	LISZT	TCHAIKOVSKY
BELLINI	GLINKA	MAHLER	TELEMANN
CHOPIN	GLUCK	MOZART	VERDI
DEBUSSY	HANDEL	RAVEL	WAGNER
DELIUS	HAYDN	ROSSINI	WEBER

To send light into the darkness of men's hearts—such is the duty of the artist.

Robert Schumann

Nobel Peace Prize Winners

```
I W S I H T R A Y T A S R N E
N E V E E N A S E R L G I R R
T R J I R H C T C R A B I L O
R A C C J E A A D G A U I A T
C E B S D F P G L R B C V Y B
S K T M A O D G O Q E O O K L
K M I R S D A H J C N H W O A
C E A A A H A V K I G A B E T
B B V I H C S T S X C A S X E
E M U H L T S S R I M H O U N
G H L N D L A R A A R Z T A E
I H I N C C I A M O A U N J B
N L A D L H U W M B T N A P A
H R M A N D E L A O A D S Q D
B S A R E N A T H I L E B P I
```

ANNAN	CASSIN	MAATHAI	SADAT
ARAFAT	CECIL	MANDELA	SANTOS
BEGIN	EBADI	OBAMA	SATYARTHI
BRANDT	GBOWEE	PERES	TUTU
BUNCHE	HAMMAR-	RABIN	WILLIAMS
CARTER	SKJOLD	ROTBLAT	XIAOBO
	HUME		

*I dream of giving birth to a child who
will ask: "Mother, what was war?"*

Eve Merriam

The Rainbow (Christina Rossetti)

Boats <u>sail</u> on the <u>rivers</u>,
And <u>ships</u> <u>sail on</u> <u>the</u> seas;
But <u>clouds</u> <u>that sail</u> across <u>the sky</u>
Are <u>prettier</u> than these.
There are <u>bridges</u> <u>on the</u> rivers,
As <u>pretty</u> as you <u>please</u>;
But <u>the bow</u> that <u>bridges</u> <u>heaven</u>,
And <u>overtops</u> <u>the trees</u>,
And <u>builds</u> a <u>road</u> <u>from</u> <u>earth to sky</u>,
Is prettier far <u>than these</u>.

Goddesses

```
E R O H T A H D C F T V E A D
N L A K S H M I A R O R U A E
E V E D E T I R T I H P M A M
R E G R P L J A S G E J O A E
I N A Y E R F H N G S R R G T
N U B A M N T Z V A T K R R E
I S T K R A E N C H I P I U R
L O N O R T N W O K A D G D U
A V E A A E E S D N F A A J E
D W K E M W I M D I T A N I Y
N H H E R E D O I S R U E F U
U R S E R N R H E S M R O P H
K I E A B A E V O W Q V E A S
S E M V I C T O R I A K G C N
B D C E N E H T A L T Z R C I
```

AMPHITRITE	DIANA	IRENE	NEMESIS
ARTEMIS	DURGA	ISHTAR	ORTHOSIE
ATHENE	FREYA	KUNDALINI	PANDORA
AURORA	FRIGG	LAKSHMI	VENUS
CERRIDWEN	HATHOR	MESHKENT	VESTA
DEMETER	HESTIA	MORRIGAN	VICTORIA

I have called on the Goddess and found her within myself.
Marion Zimmer Bradley

All Clear

```
E T H D I P M I L E A S E D H
Y J D A T Y D D R E B E H I T
W T C T P X C L E A N E A C W
P D I J H E R U P N V D L U J
F E M R Z G O H Y F I O O L T
D X P S A C I S Q S U F D R N
E I U E X L S L T D I S E C E
D M R R P A C I L L F A I R R
E N G T L T N E T A P H F Y A
P U E G T C S E R B P S I S P
M L D A T S R J N T R Z R T S
I U A C G E K K N R A V U A N
N E V I D E N T V C H I P L A
U F U W N A L H E J S T N D R
F R E A L L U M I N O U S H T
```

CERTAIN	EVIDENT	LUCID	PURIFIED
CLARITY	FAIR	LUMINOUS	REFINED
CLEAN	FILTERED	PATENT	SHARP
CLOUDLESS	GLASSY	PLAIN	TRANSPARENT
CRYSTAL	LIGHT	PURE	UNIMPEDED
DISTINCT	LIMPID	PURGED	UNMIXED

Clarity of vision is the key to achieving your objectives.

Tom Steyer

So Wise

87

```
M I E T C E P S M U C R I C C
K N O W I N G X F M S C S L U
M S O B S E R V A N T H U Z G
S I S P R U D E N T R F A S C
U G R E R U D I T E D I A R D
O H L L T Y D W N J G F E P
I T Q U N B A D I W A Z T A U
C F U F F V I M M C V A G T I
I U L E P T O S I S C C W N N
D L E R O Y H O N U N R I E F
U C A A L R U G D E E S S I O
J Z R C I S E E U V S M D P R
B N N W T J M E E O X A O A M
Y L E T I O W L I S H R M S E
Y W D K C I C D E R O T U T D
```

CAREFUL
CIRCUMSPECT
CLEVER
EDUCATED
ERUDITE
INFORMED

INSIGHTFUL
JUDICIOUS
KNOWING
LEARNED
MINDFUL
OBSERVANT

OWLISH
POLITIC
PRUDENT
SAGACIOUS
SAPIENT
SENSIBLE

SHARP
SHREWD
SMART
THOUGHTFUL
TUTORED
WISDOM

You only live once, but if you do it right, once is enough.
Mae West

Fruits and Nuts

```
O N I K G N Y V G N B D A H M
W E H W P T O F O G N A M A Q
O D C M I B F M O N G B T Z F
X R R O X K E L M H O A F E B
N Z A B C L D E R I U Q I L E
A G E N H O A Q J Q S Z L N N
C S P O G T N Y M Y M R B U I
E N I G R E B U A A Z W E T T
P O L I V E K Q T P F A R P N
I L G X D J W J U R A Y T Z E
E E Q V I C T O R I A P L U M
N M U G O U Q A N C N D A T E
U H I A U H U I Y O J C X D L
R F L L U S D I F T L S E P C
P L G R A P E F R U I T U Z T
```

APRICOT	FILBERT	LIME	PEAR
AUBERGINE	GRAPEFRUIT	MANGO	PECAN
CLEMENTINE	HAZELNUT	MELON	PERSIMMON
COCONUT	KIWI	OLIVE	PRUNE
DATE	KUMQUAT	ORANGE	QUINCE
FIG	LEMON	PAPAYA	VICTORIA PLUM

Let us learn to appreciate there will be times when the trees will be bare, and look forward to the time when we may pick the fruit

Anton Chekhov

Just Perfect

```
T A P A E X C E L L E N T U S
R R S E C E C O M P L E T E H
V P E S A C C U R A T E L U G
F S R P E R O D E R R A M N U
F A E E X L S M K T E Q A H O
S A I C C E W K P D Z C S S R
S U U T D I A A I L A H T P O
E T L L H S S E L N I S D O H
L T Y T T F L E B F T S E T T
H E U M I L U R I E S E H L D
C G B L A M E L E S S L S E O
T A A H O P A S H E E R I S D
A T F Y U S U T S U F E L S L
M E W S S M B K E M U E O C T
H I M P E C C A B L E P P S A
```

ABSOLUTE	EXCELLENT	IMPECCABLE	SINLESS
ACCOM- PLISHED	EXPERT	MATCHLESS	SPOTLESS
ACCURATE	FAITHFUL	PEERLESS	SUPERB
BLAMELESS	FAULTLESS	POLISHED	THOROUGH
COMPLETE	FLAWLESS	PRECISE	ULTIMATE
CORRECT	IDEAL	SHEER	UNMARRED

Life doesn't have to be perfect to be wonderful.

Annette Funicello

Learning and Culture

```
E N T R T Y L C A L I S G N W
T N E M N E T H G I L N E H X
Z I H Y T N M I T X D N C F Z
S A I K T O Y T L B T R H B T
V S J L R I G T V I A N S L F
O G A E A H N W I E B T R L I
M O F L C S I G S L U A E I N
H O S W C A N E I D I T F K I
S D D K X F R T Y D T T I U S
I T F S I D A G I E V N N S H
L A M S I L E X R M D X E E F
O S Y U S W L S L N J R M T G
P T U I T I O N E O D B E A D
O E C N E I C S L S R Y N C N
G Y G E S A S A H C Q E T T F
```

ABILITY	FASHION	LEARNING	SCIENCE
ART	FINISH	LETTERS	SKILL
CLASS	GENTILITY	LORE	STUDY
DIGNITY	GOOD TASTE	POLISH	TACT
DRESS	GRACE	REFINEMENT	TUITION
ENLIGHTEN- MENT	KINDNESS	RESEARCH	WISDOM

To teach is to learn twice.

Joseph Joubert

Herbs and Spices

```
A K Y S Z N O W Y L L I D G B
L C R T E Q W Y R B O R A G E
L H E J K M F S R A L T B E G
I I L O C E A I U N O C T M D
N V E H N G R S C N B I G T N
A L C N E I L L E E E N A U C
V S E S H A M B Q S R N A N I
A L E W Q Q L U C C G A L C N
Q T M O S E C L C E A M L A C
D X Y R X A O A L Q M O S S D
A Z H T C V F I P D O N P S E
N J T Y E A C F G E T H I I R
I M U S T A R D R H R T C A F
S F M V J Z X O I O L A E Y O
E S E V I H C V L J N G H R V
```

ALLSPICE

ANGELICA

ANISE

BERGAMOT

BORAGE

CAPER

CASSIA

CELERY

CHIVES

CINNAMON

CLOVES

CUMIN

CURRY

DILL

FENNEL

MUSTARD

NUTMEG

SAFFRON

SAGE

SENNA

SESAME

ST JOHN'S
  WORT

THYME

VANILLA

Variety's the very spice of life,
That gives it all its flavour.

William Cowper

Dances

```
P T B B Z M J Y P F C I F R E
T O H D A T M K P E L Z X M T
J R L X K M L E W T Z P N Q T
M T I K I A T A C Q W P O B O
R X R H A S F A W I O I T I V
E O S O O H K L J I Q U S E A
P F S W N E A B M U R M E T G
A S T Q W D U T G O R E L O B
T B A A W P E S E S T A R Q F
C A L M I O Z A Q U H L A J L
A K N R B T H U U C N O H R O
N T B G T A E K A H S I C B B
C L I P O T V H R V V V M W M
A N O X I O C B O O G I E G A
N H E C N A D E N I L Q O M M
```

BOLERO	FOXTROT	MAXIXE	SHAKE
BOOGIE	GAVOTTE	MINUET	SHIMMY
CAKEWALK	LIMBO	POLKA	TANGO
CANCAN	LINE DANCE	RONDEAU	TWIST
CHA-CHA	MAMBO	RUMBA	TWO-STEP
CHARLESTON	MASHED POTATO	SAMBA	WALTZ

When you dance, your purpose is not to get to a certain place on the floor. It's to enjoy each step along the way.

Wayne Dyer

93 Poets

```
G E R A E P S E K A H S C E Z
E G Z P C N K E N N E D Y C Y
G T O H W E S R O G I W S Z D
G N G H O S W L J T L K V T O
U F B L S O S G I W H E S D K
R S L L O R K E O N B P S U W
B Y U H L F T E D E O D N W R
N J N L O R F E R A O U I Z K
E B D X O U O S P O T P O F M
S U E K W G S H W P H A L Z I
S T N C H E S T E R F I E L D
R L W O I L A A O Y Z N D O F
E E E C T N P L F N T E C G C
B R T D E L W P C S I R R A H
R E T A W K N I R D P O U N D
```

ADCOCK	CHESTERFIELD	HOOKER	POUND
ATWOOD	DRINKWATER	HOUSTON	ROLLS
BERSSEN- BRUGGE	ENGLE	KENNEDY	ROSEN
BLUNDEN	ENSLIN	LOGAN	RUSKIN
BOOTH	HARRIS	PAINE	SHAKESPEARE
BUTLER	HOGG	PLATH	WHITE

*The poet makes himself a seer by a long, prodigious
and rational disordering of all the senses.*

Arthur Rimbaud

```
M F Y Z G S E K A C N A P R A
P U Z T M S O T I P M M F E A
Z S E O T A M O T I A S T T S
W J V S T P L L C R L F O R N
A O Z M L T A H M A O E A U A
F R E G V I S A E T E U S G E
F A E G I B L R O F M Y T O B
L N A E O A E P F N D Z N Y G
E G M D D C L O P U A X A H O
S E U E C O C B A G E L S O V
Q J F L Y N M J O I R S S N Q
A U F I Q G J S M E B P I E T
H I I O A P R I C O T S O Y H
E C N B T I U R F E P A R G A
Z E S S A U S A G E S A C G M
```

APRICOTS	CEREALS	MARMALADE	POT OF TEA
BACON	COFFEE	MUESLI	SAUSAGES
BAGELS	CROISSANTS	MUFFINS	TOAST
BEANS	GRAPEFRUIT	OATMEAL	TOMATOES
BOILED EGG	HAM	ORANGE JUICE	WAFFLES
BREAD	HONEY	PANCAKES	YOGURT

Expect problems and eat them for breakfast.
Alfred A. Montapert

Truth

```
Y T I L A U T C A R L I T Y K
N A E S S E N T H G I R K O B
E I P A G E N U I N E N E S S
P K R S V L D Y C A R U C C A
L E I F U O M U L Y Z R I T Y
A C N Q C K Y I T E T S A R K
I O C D B B T T K I D I O O C
N N I T T Y G R I T T Y R M T
T S P Y T N I A T R E C R E M
A T L S P L E P S O G M E S V
L A E O M A X I M A A E I R T
K N O I S I C E R P X U T C L
A C V E R A C I T Y R I A N E
S Y F B S C O R E T W F O M I
K A P E R F E C T I O N A M U
```

ACCURACY	FACT	PERFECTION	RIGHTNESS
ACTUALITY	GENUINENESS	PLAIN TALK	SCOOP
AXIOM	GOSPEL	PRECISION	SCORE
CASE	INTEGRITY	PRINCIPLE	TRUISM
CERTAINTY	MAXIM	REALITY	VERACITY
CONSTANCY	NITTY-GRITTY	RECTITUDE	VERITY

Be true to your work, your word, and your friend.
Henry David Thoreau

In the Park

```
C I S K U T M W C U V F S A T
B Y S S R E W O L F U A G Z D
S A A B T U O B A D N U O R D
T I R T E S E C W K E O D N G
R P G X I N B P N U J L R N W
O X B N C Q G U T L T I I P T
P S N H L V K A R V A K T Q E
S E E R T S T K V H L C S K A
T S T H E S E T S A S I H D D
E E B A S G E W A E N T B U
C T T S W U R N S M L C A P C
N S B S E F B F A A V I P O K
E T E E A S A Z K W Z P R N S
F A E E L P O E P E S T O D I
J Z G S L E R R I U Q S V S L
```

BENCHES	FRESH AIR	PONDS	SQUIRRELS
BUSHES	GRASS	ROSES	STATUE
DOGS	LAKE	ROUNDABOUT	SWANS
DUCKS	PATHS	SEATS	TENNIS
FENCE	PEOPLE	SHRUBS	TREES
FLOWERS	PICNIC	SPORTS	WALKING

*In every walk with nature one receives
far more than he seeks.*

John Muir

Progress

```
M F N C H K E P R E T E B G H
O R D C O W E S A F E A V R M
V G R F E R C G I A R A G O T
E A T S O O B S A R J E T P N
M H S A D D E E E Y H I A U E
E G F A F A S B C T O S E D M
N W W O L E A U W N S V M L P
T A R U O T E O T A A O G I O
Y K G P W B R E G E M V R U L
S A N E E G C E D E P P D B E
S E I O R D N N N I U M T A V
Z R O P I P I T H A R H I K E
E B G U N A U E B M C T Q N D
H L N F G M C G C O U R S E B
E N O I T U L O V E R E S O F
```

ADVANCE

BOOST

BREAK

BUILDUP

COURSE

DASH

DEVELOPMENT

EVOLUTION

FLOWERING

GROWTH

HIKE

IMPETUS

INCREASE

MARCH

MOMENTUM

MOTION

MOVEMENT

ONGOING

PASSAGE

RISE

STRIDE

TOUR

VOYAGE

WAY

If there is no struggle, there is no progress.

Frederick Douglass

Opera Composers

```
Y Q I B K D P T E N E S S A M
S H L D S C H E R U B I N I K
S P L Z C S H O A A C G X O C
U U E M W P U A T E Z I B L U
B R I T T E N A N S C O K L L
E C H R U D O R R D L L M A G
D E C W N E V O H T E E B V M
G L N W G Y R I L N S L D A X
O L O F F E N B A C H E S C R
U Q P V N I Z S P U C C I N I
N I D G D J S M E T A N A O V
O C A O M H X E T G M X G E Z
D W R J I T T O N E M S R L H
R O N A D R O I G M M D L Q W
B E R L I O Z S X Q I U E L Z
```

BEETHOVEN	DEBUSSY	MASCAGNI	PUCCINI
BERLIOZ	GIORDANO	MASSENET	PURCELL
BIZET	GLUCK	MENOTTI	SMETANA
BORODIN	GOUNOD	MOZART	STRAUSS
BRITTEN	HANDEL	OFFENBACH	VERDI
CHERUBINI	LEONCAVALLO	PONCHIELLI	WAGNER

*The first rule in opera is the first rule in life:
see to everything yourself.*

Nellie Melba

Change

```
T N E M P O L E V E D T T N F
N D E N O I T U L O V E R O L
O T C Y N M U T A T I O N I Y
I R N T N O V E L T Y G L T X
S E A E R K I C C T N O I A Z
I T V I M E X S R I U S G L Y
V L D R M E R A R E R S I U S
E A A A E C N E R E F F I D U
R H Q V L S P I V T V B F O R
C Y C V I M H I F E A N T M R
S T A T E V D I J E R U O B O
N O I T I D D A F U R S R C G
F O E V L W I R T T S E A E A
N T N E M T S U J D A R M L T
A B O U T F A C E K R F J J E
```

ABOUT-FACE	CONVERSION	NOVELTY	SURROGATE
ADDITION	DEVELOPMENT	REFINEMENT	SWITCH
ADJUSTMENT	DIFFERENCE	REVERSAL	TEMPERING
ADVANCE	DIVERSITY	REVISION	TRANSITION
ALTER	MODULATION	REVOLUTION	TURN
BREAK	MUTATION	SHIFT	VARIETY

If you don't like something, change it. If you can't change it, change your attitude.

Maya Angelou

Very Happy

```
E N D E R L E Z Y T Y D L B S
D E I R R O W N U N L E U F O
L A U G H I N G J A L T F U U
T A C E S U E E D Y O H R S B
N N I K S D N U C O J G E M G
C D A V A T E C A U Z I E I P
I E A T O F A B Y B T L H L C
T Y U W L J E K L N N E C I L
A O M L F U R E A I D D R N O
T J E M I E X I R E T O X G J
S R S L P V D E S F H H T M O
C E P D A A E A X P E Y E O Y
E V V A R T E L U E E R U L F
U O M L H L E E Y V R R A R U
E R M G P M A D V Y S E R C L
```

BLITHE	ELATED	JOVIAL	PERKY
BUOYANT	EUPHORIC	JOYFUL	PLEASED
CAREFREE	EXULTANT	LAUGHING	RADIANT
CHEERFUL	GLAD	LIVELY	SMILING
DELIGHTED	JOCUND	MERRY	SUNNY
ECSTATIC	JOLLY	OVERJOYED	UNWORRIED

Be happy. It is one way of being wise.

Colette

Solutions

1

2

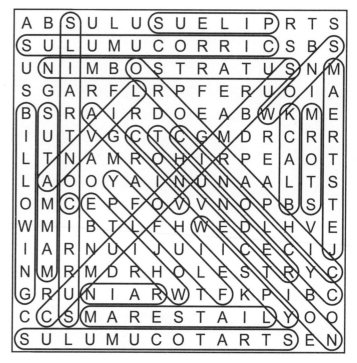

3

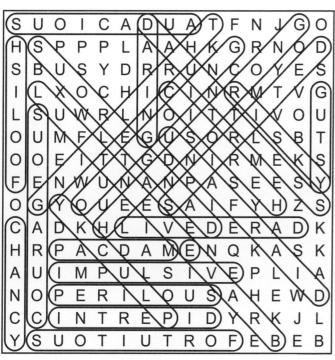

4

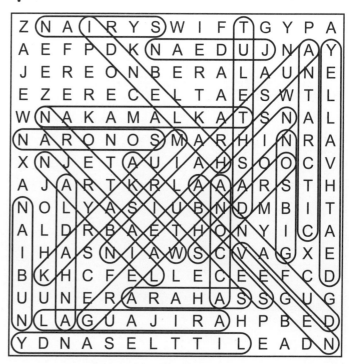

5

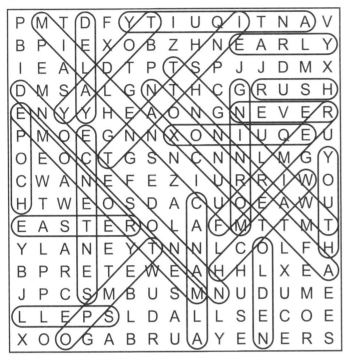

6

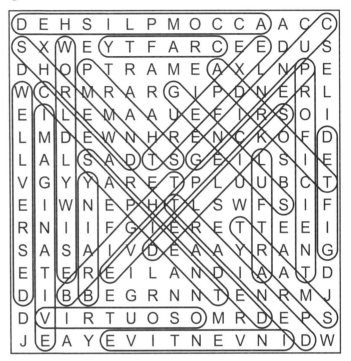

7

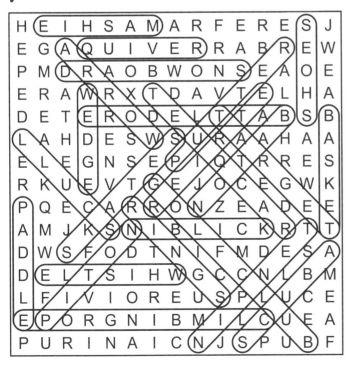

8

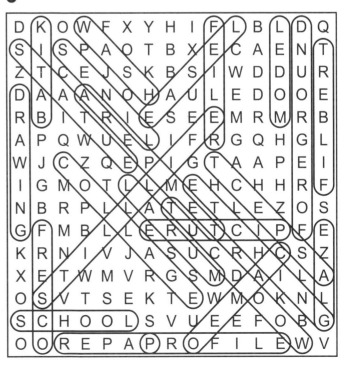

9

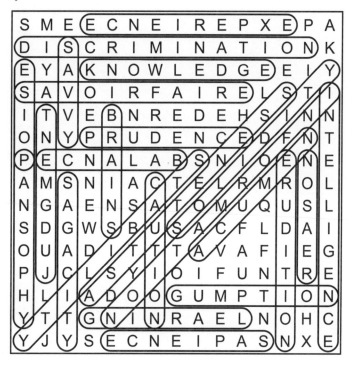

10

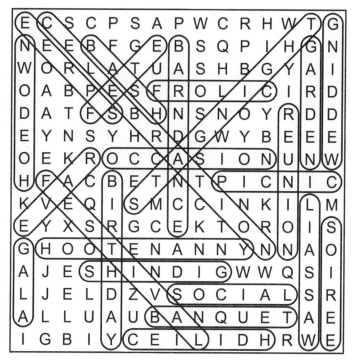

11

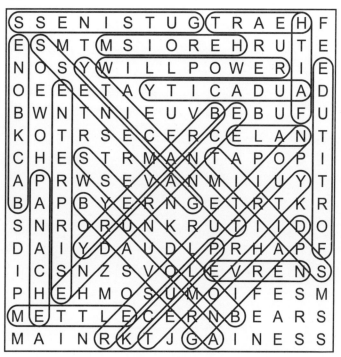

12

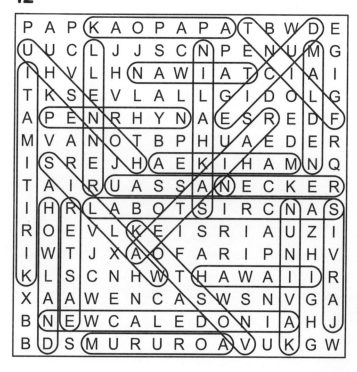

13

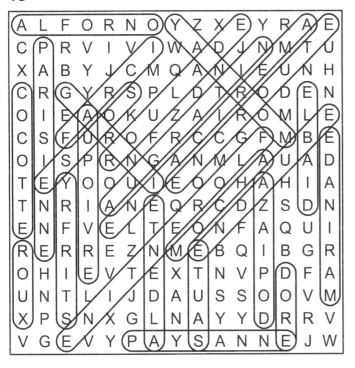

14

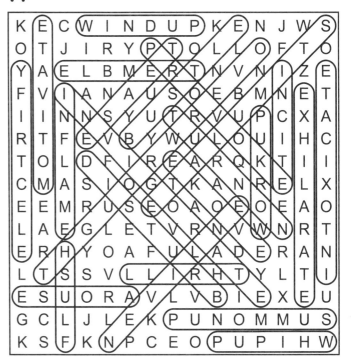

15

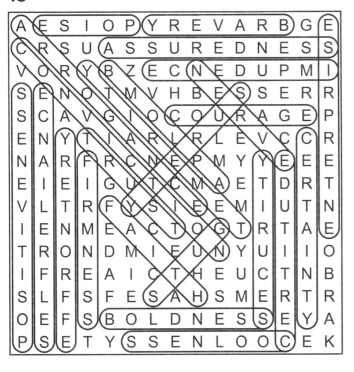

16

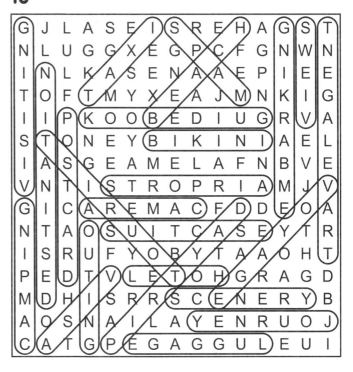

Solutions

17

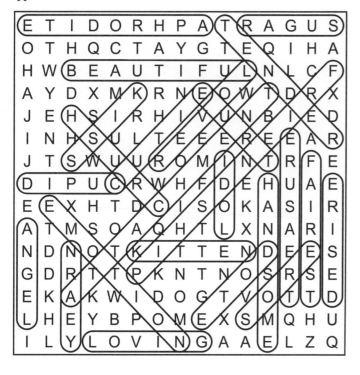

18

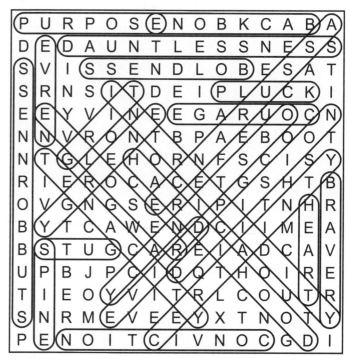

19

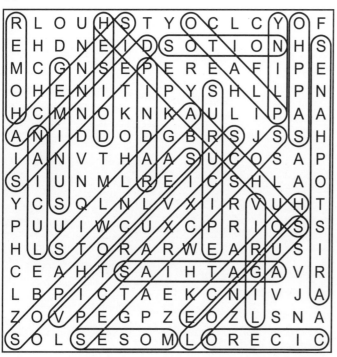

20

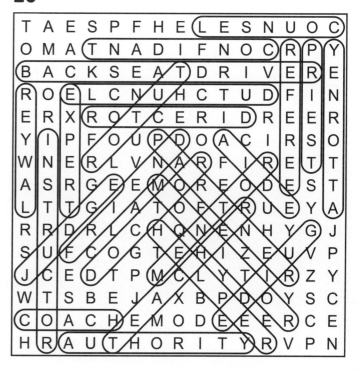

21

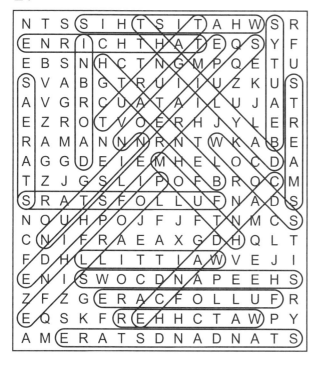

22

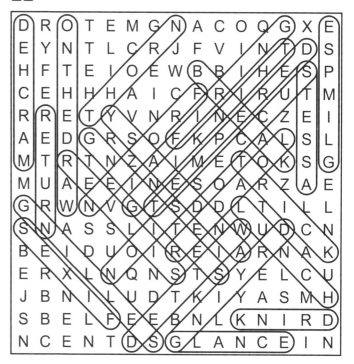

23

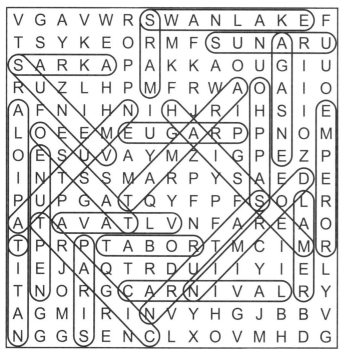

24

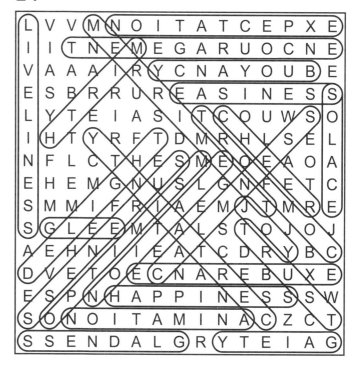

Solutions

25

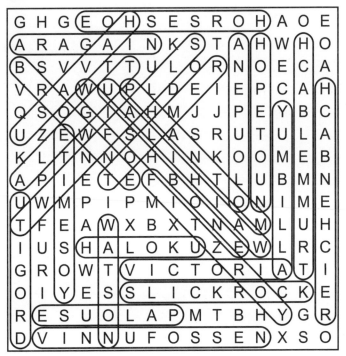

26

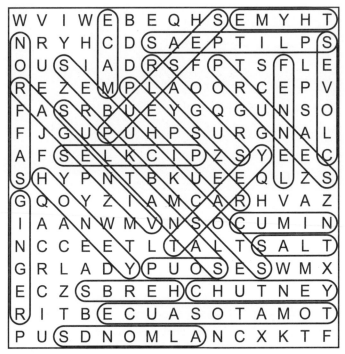

27

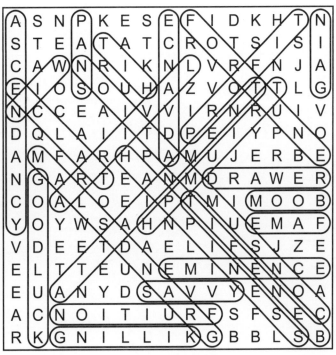

28

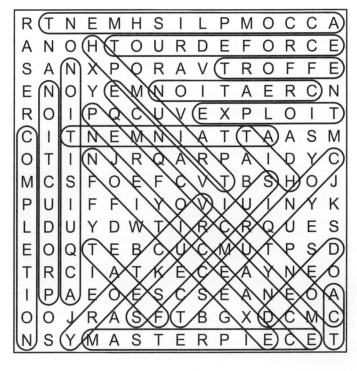

Solutions

29

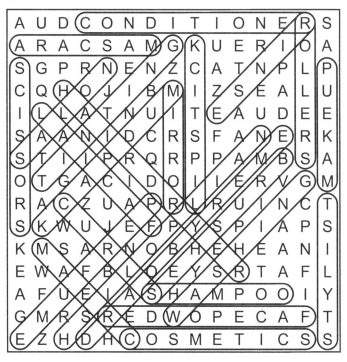

30

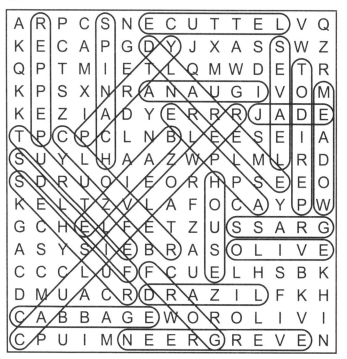

31

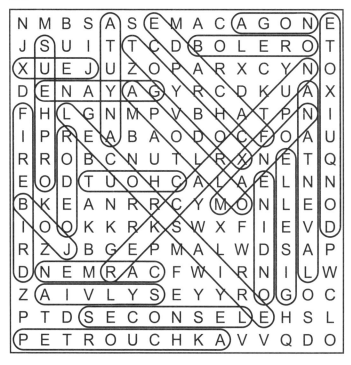

32

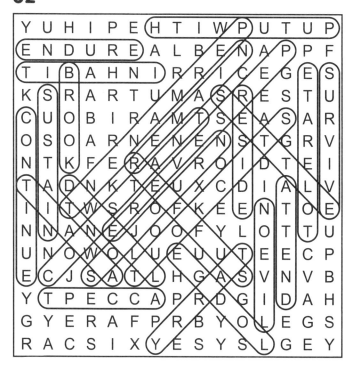

Solutions

33

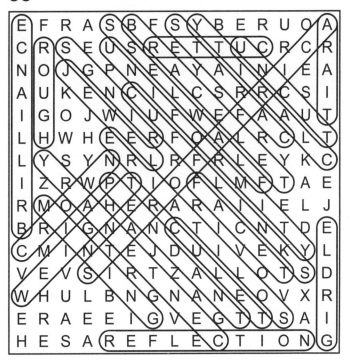

34

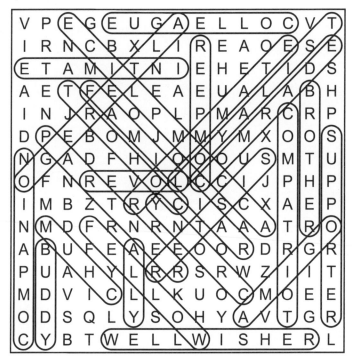

35

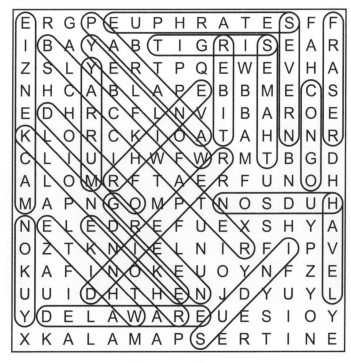

36

37

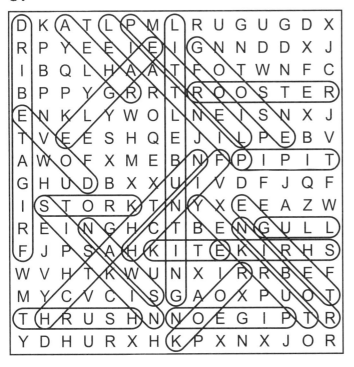

38

39

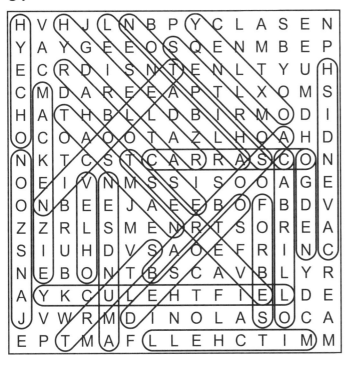

40

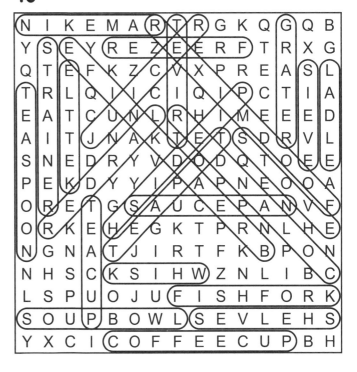

Solutions

41

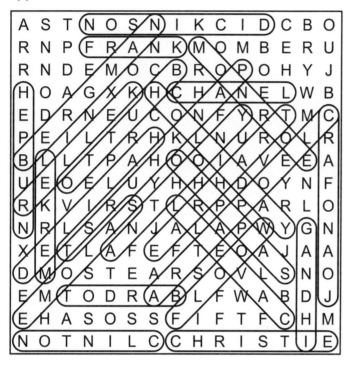

42

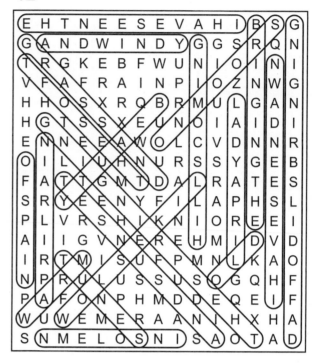

43

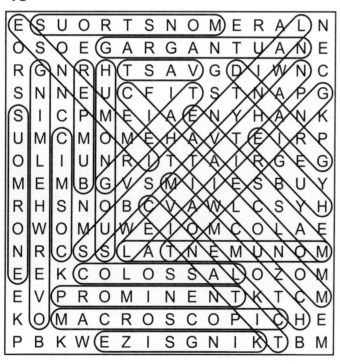

44

Solutions

45

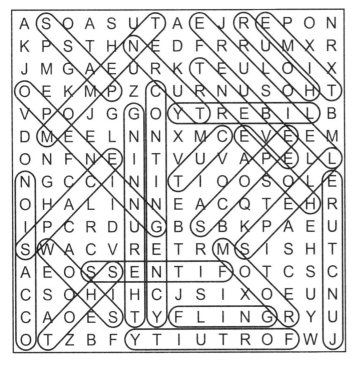

46

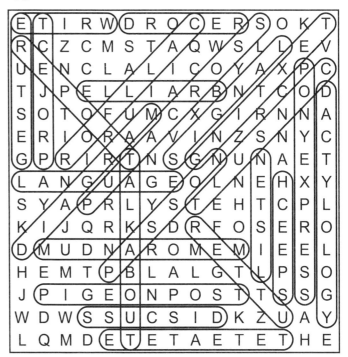

47

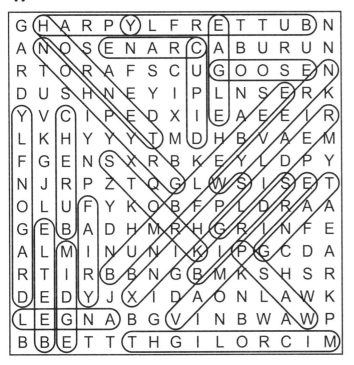

48

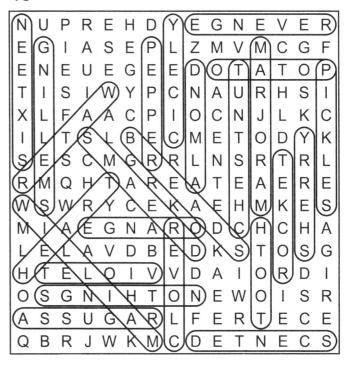

49

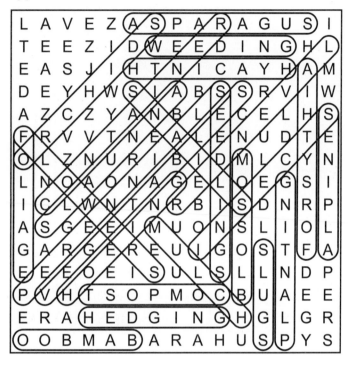

50

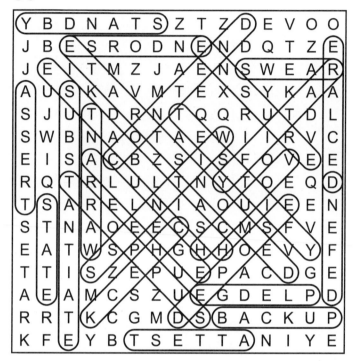

51

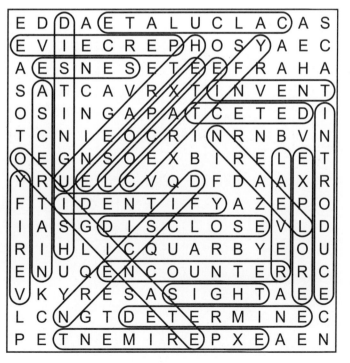

52

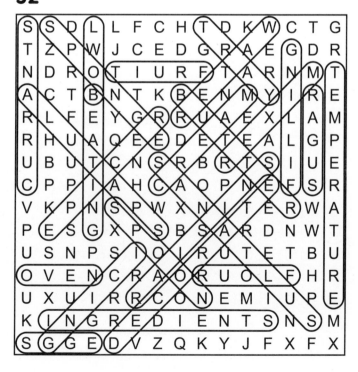

53

```
N E D A O R B V L E V Q V Y F
I C U D E T F E X T E N D L E
T P R N N E K Y E A E F M P S
D L D U E X B S A L L L G I A
Q U O E M P I X O A B X U T E
B M I L C A E B R C U Q N L R
N P G Y R N M E H S O M E U C N
Q E F U R D O Y D E D S H M N
S K K G F U Y F I S N E T N I
W S N C T E R U T A M B G J Y
E A U U I Q O R R L L Y N X U
L R W R H H E J R O W X E M Z
L I O P G T T J A O D I L J C
W S U U C E E T Y F I N G A M
D E D H K E T A N I M R E G E
```

54

```
G W R S K N I W Y L D D I T S
G W M S T X B D X R I U C E G
N M K R E R C A N A S T A L U
O A K G I L A T M H E V N D Y
J C R D M Q B D P E L O T A G
H H G M M W L R Z E Y U S R B
A E E S W O S K A Q G Y O C O
M C D O G R N E Y M P U L S P
A K R O T O E O V P L I T A E
I E J X M C X S P E S M I C P
K R T A E I A C T O N I A Y O
I S T M C G N T H L L S I W O
D V U I L K E O C E I Y R W L
O P M Q S K S S E I S N E S L
P J S E V I F U M S T S G J E
```

55

```
L F C R E S S S P I R I T E D
P A E S S E L T N U A D M I G
D S C I N M L O A R I A V N N
M R N I S E R U F L N W A D I
Y E D Z O T V T K L W U L O H
L K T I K T Y H Y Z N A O M C
A S C G P L S E E A Q V R I N
P G A U D E T A F R M A O T I
J M N E L N R R T Z O L U A B
E N P I A P A T P F Y I S B L
V N E L R I A E N B D A C L N
I F L Z D A L D L I R N P E U
I A A Y A W D U N T A T N W E
G B O W V R Y K E E H C J E A
Y T T I R G B Y T H G U O D A
```

56

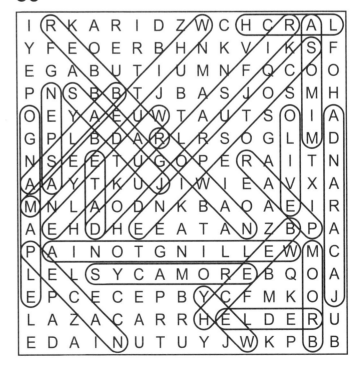

```
I R K A R I D Z W C H C R A L
Y F E Q E R B H N K V I K S F
E G A B U T I U M N F Q C O H
P N S B B T J B A S J O S M H
O E Y A E U W T A U T S O I A
G P L B D A R L R S O G L M D
N S E E T U G O P E R A I T N
A A Y T K U J I W I E A V X A
M N L A O D N K B A O A E I R
A E H D H E E A T A N Z B P A
P A I N O T G N I L L E W M C
L E L S Y C A M O R E B Q O A
E P C E C E P B Y C F M K O J
L A Z A C A R R H E L D E R U
E D A I N U T U Y J W K P B B
```

Solutions

57

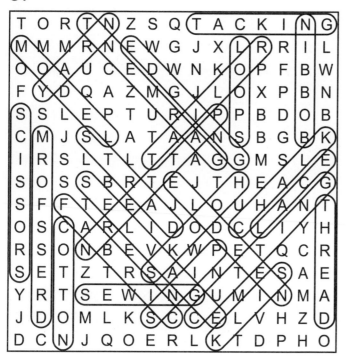

58

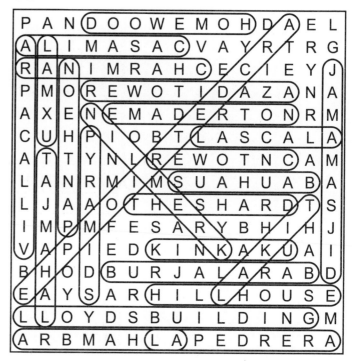

59

60

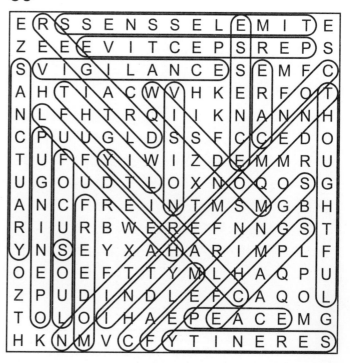

61

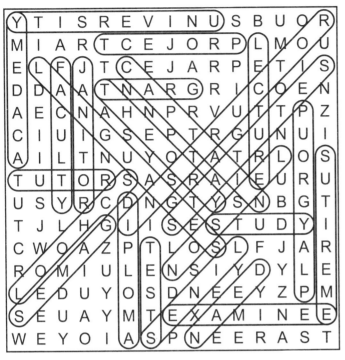

62

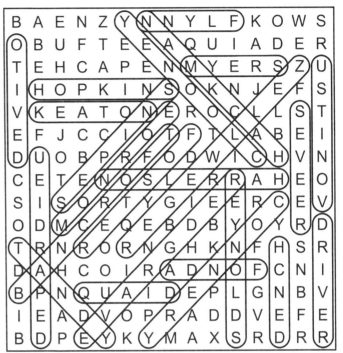

63

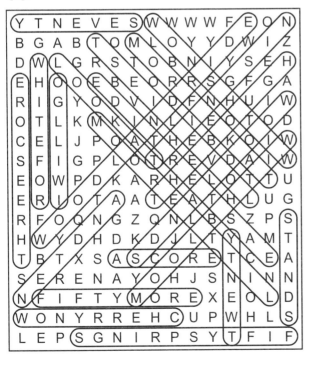

64

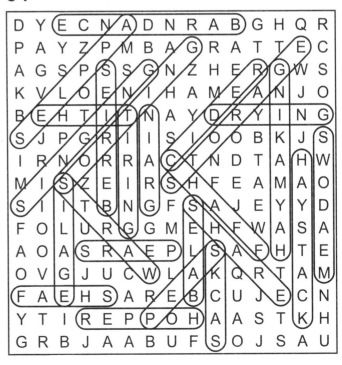

Solutions

65

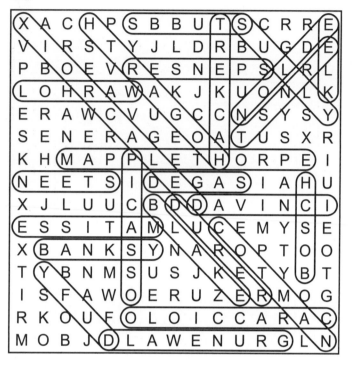

66

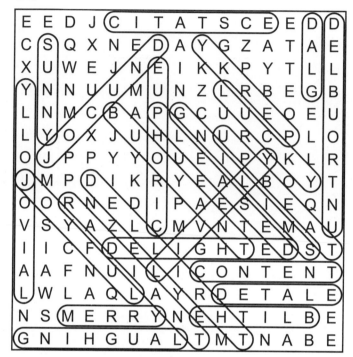

67

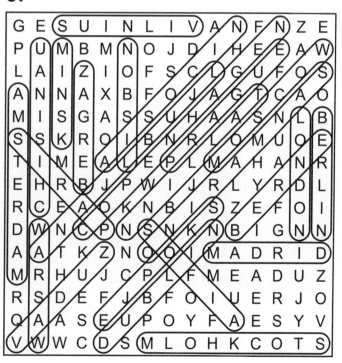

68

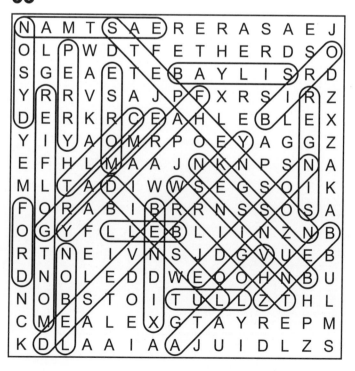

69

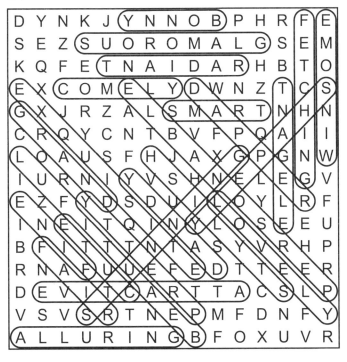

70

71

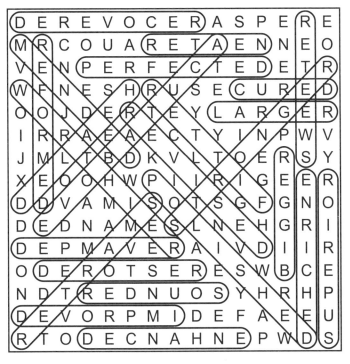

72

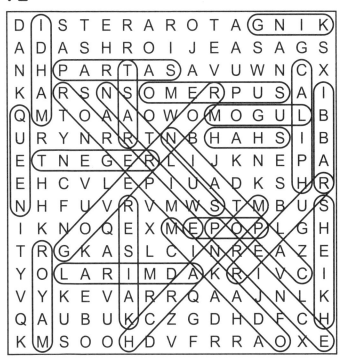

73

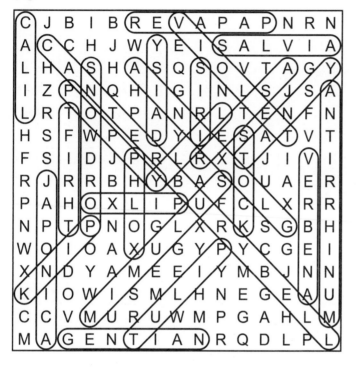

74

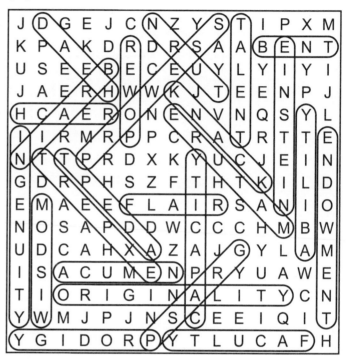

75

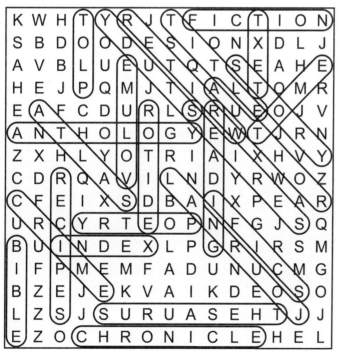

76

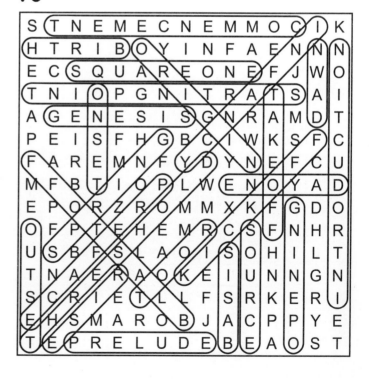

Solutions

77

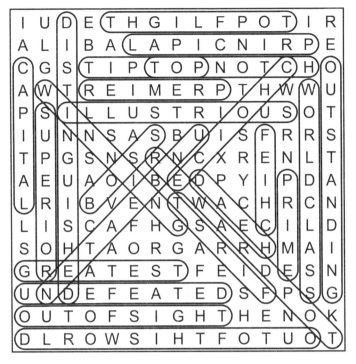

78

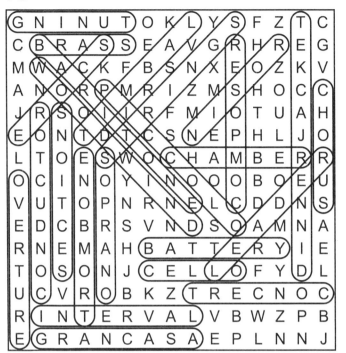

79

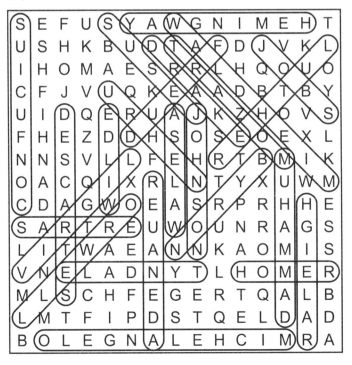

80

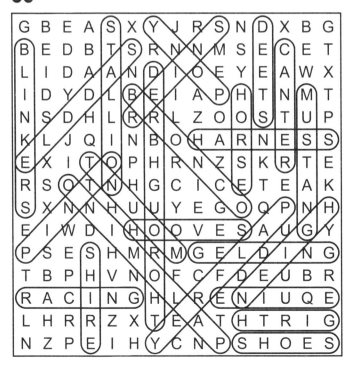

123

81

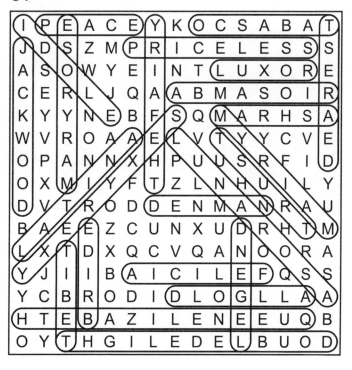

82

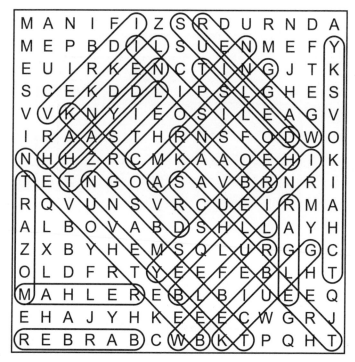

83

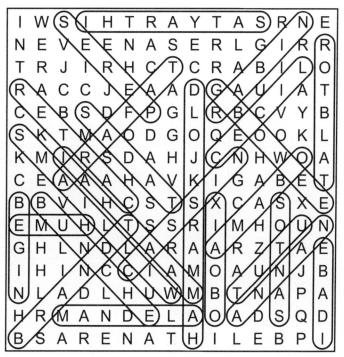

84

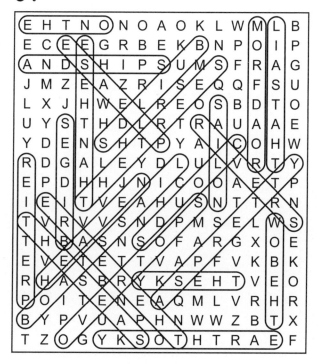

85

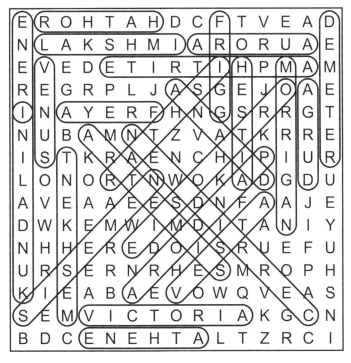

86

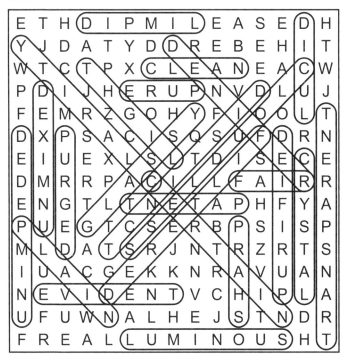

87

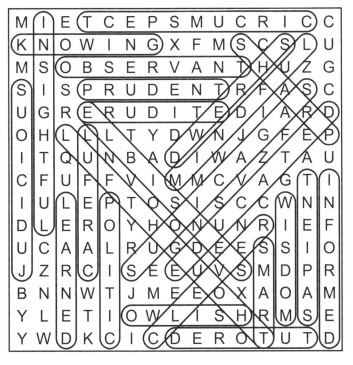

88

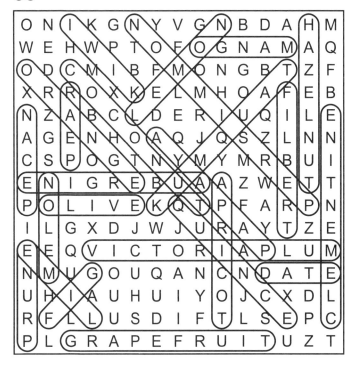

89

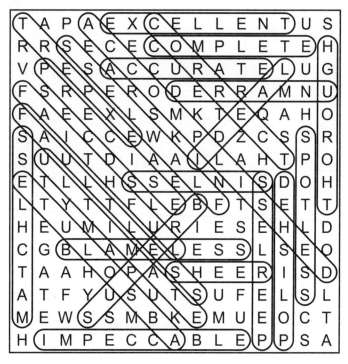

90

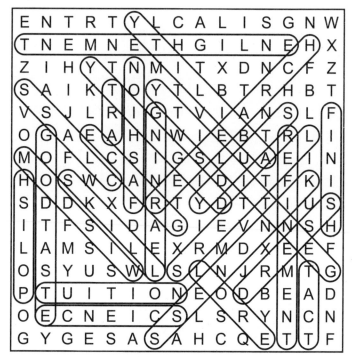

91

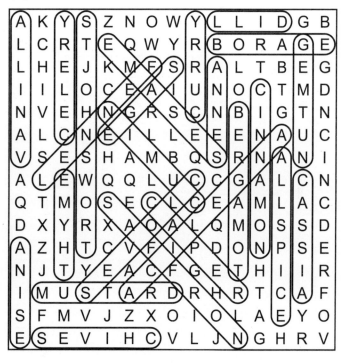

92

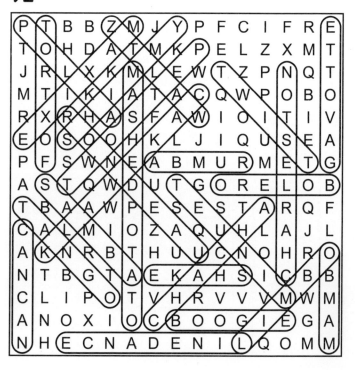

Solutions

93

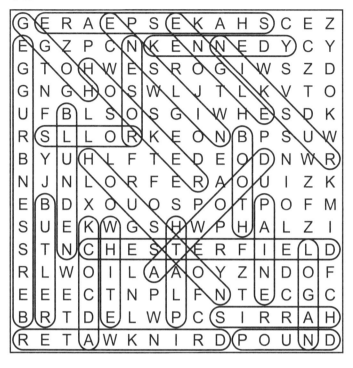

94

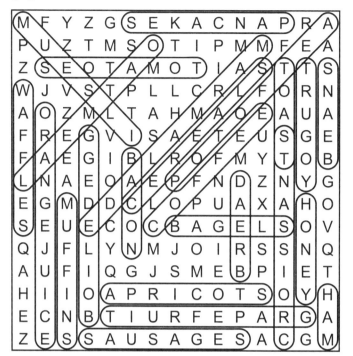

95

96

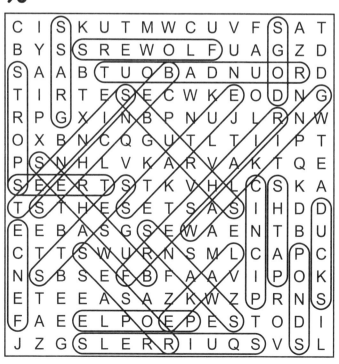

Solutions

97

98

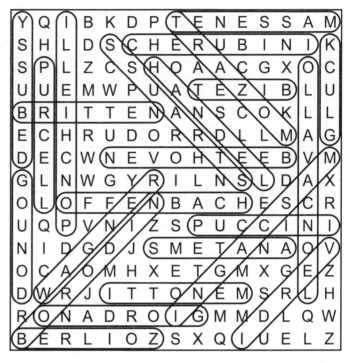

99

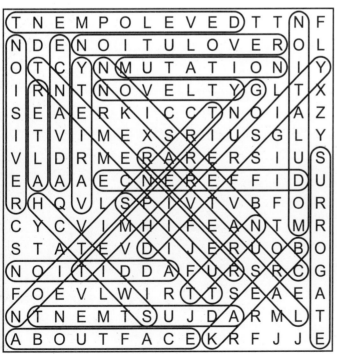

100